동양북스 외국어 베스트 도서

700만 독자의 선택!

새로운 도서,
다양한 자료
동양북스
홈페이지에서
만나보세요!

www.dongyangbooks.com
m.dongyangbooks.com

※ 학습자료 및 MP3 제공 여부는 도서마다 상이하므로 확인 후 이용 바랍니다.

홈페이지 도서 자료실에서 학습자료 및 MP3 무료 다운로드

PC

❶ 홈페이지 접속 후 도서 자료실 클릭
❷ 하단 검색 창에 검색어 입력
❸ MP3, 정답과 해설, 부가자료 등 첨부파일 다운로드

 * 원하는 자료가 없는 경우 '요청하기' 클릭!

MOBILE

* 반드시 '인터넷, Safari, Chrome' App을 이용하여 홈페이지에 접속해주세요. (네이버,
다음 App 이용 시 첨부파일의 확장자명이 변경되어 저장되는 오류가 발생할 수 있습니다.)

❶ 홈페이지 접속 후 ☰ 터치

❷ 도서 자료실 터치

❸ 하단 검색창에 검색어 입력
❹ MP3, 정답과 해설, 부가자료 등 첨부파일 다운로드

 * 압축 해제 방법은 '다운로드 Tip' 참고

가장 쉬운 독학 독일어 첫걸음

지은이 **김미선**

동양북스

가장 쉬운 독학 독일어 첫걸음

초판 5쇄 발행 | 2024년 5월 10일

지은이 | 김미선
발행인 | 김태웅
기획편집 | 김현아
디자인 | 남은혜, 김지혜
마케팅 총괄 | 김철영
제 작 | 현대순

발행처 | (주)동양북스
등 록 | 제 2014-000055호
주 소 | 서울시 마포구 동교로22길 14 (04030)
구입 문의 | 전화 (02)337-1737   팩스 (02)334-6624
내용 문의 | 전화 (02)337-1762   dybooks2@gmail.com

ISBN 979-11-5768-512-7 13750

이 도서의 국립중앙도서관 출판예정도서목록(CIP)은 서지정보유통지원시스템 홈페이지(http://seoji.nl.go.kr)와
국가자료공동목록시스템(http://www.nl.go.kr/ kolisnet)에서 이용하실 수 있습니다.
(CIP제어번호:CIP2019021099)

머리말

"Aller Anfang ist schwer." '모든 시작은 어렵다'라는 말입니다. 외국어를 처음 시작한다는 것은 누구에게나 쉽지 않은 일입니다. 하지만 사람뿐 아니라 학문과 기술, 가치와 문화 등이 국경을 자유롭게 넘나드는 이 시대에 외국어 능력은 더 많은 가능성에 도전할 수 있는 기회를 의미할 것입니다.

독일어는 전통적으로 인문학, 사회과학, 의학, 자연과학 등 여러 학문에서 중요한 언어로 여겨졌습니다. 또한 최근 유럽연합(EU)에서의 독일의 주도적인 역할을 통해 정치, 외교 분야에서도 경쟁력 있는 언어로 부상하고 있습니다. 뿐만 아니라 독일, 오스트리아, 리히텐슈타인의 국어이며 스위스의 4개 국어 중 하나인 독일어를 공부하는 것은 유럽 여행을 계획하고 있는 분들에게도 유용한 도전이 될 것입니다.

이 책은 독일어를 처음 시작하는 분들을 위해 알파벳과 발음부터 시작합니다. 발음 규칙들을 암기하고 적용하면서 원어민의 발음을 반복하여 따라 해 보시기 바랍니다. 각 과는 『가장 쉬운 독일어 첫걸음의 모든 것』보다 조금 더 쉬운 내용으로, 일상생활 속 여러 상황에서 기본적으로 쓸 수 있는 문장 중심으로 구성되어 있습니다. 기본적인 문장에 대한 설명을 숙지한 후에 단어를 바꿔가면서 문장을 활용함으로써 필수적인 표현들을 자연스럽게 익힐 수 있습니다. 처음에는 쉽게 이해되는 부분들을 중심으로 마지막 과까지 끝내 보고, 그런 다음에 다시 복습하면서 조금 더 어려운 부분들까지 범위를 넓혀 차근차근 실력을 쌓아가기를 권하고 싶습니다.

독일 여행을 위해서, 또는 그저 독일 음악이 좋아서, 축구가 좋아서 등등 여러 가지 이유로 독일어를 시작하는 분들이 조금이라도 쉽게 독일어에 접근하는 데 이 책이 도움이 되었으면 하는 마음입니다. 발음도 쉽지 않고, 명사 변화, 동사 변화 등 암기할 것도 많지만 열심히 노력하면 원하는 성과를 얻으실 수 있을 것입니다.

"Ohne Fleiß kein Preis. 노력 없이는 대가도 없다."

책이 나오기까지 많은 도움을 주신 분들에게 진심으로 감사의 마음을 전합니다.

지은이 김미선

차례

머리말 3

차례 4

이 책의 구성과 학습법 6

학습 플랜 8

Lektion 1   문자와 발음 12

Lektion 2   **Guten Tag!** 안녕하세요! 24

Lektion 3   **Wie heißen Sie?** 이름이 무엇입니까? 34

Lektion 4   **Ich bin 20 Jahre alt.** 나는 스무 살입니다. 44

Lektion 5   **Was ist das?** 그것은 무엇입니까? 58

Lektion 6   **Wer ist das?** 그 사람은 누구입니까? 70

Lektion 7   **Ich wohne in Seoul.** 나는 서울에 산다. 82

Lektion 8   **Was kostet das?** 그것은 얼마입니까? 92

Lektion 9   **Das gefällt mir.** 그것이 제 마음에 듭니다. 104

Lektion 10   **Ich kaufe einen kleinen Tisch.**
             나는 작은 탁자를 산다. 120

Lektion 11   **Es ist jetzt halb zwei.** 지금은 한 시 반입니다. ... 134

Contents

Lektion 12   **Was isst du gern?** 너는 무엇을 즐겨 먹니?   150

Lektion 13   **Wie komme ich zum Bahnhof?** 역에 어떻게 가나요?   164

Lektion 14   **Heute ist es kälter als gestern.**
오늘은 어제보다 더 춥다.   180

Lektion 15   **Ich höre gern Musik.** 나는 음악을 즐겨 듣는다.   196

Lektion 16   **Darf man hier parken?** 여기에 주차해도 됩니까?   212

Lektion 17   **Haben Sie ein Zimmer frei?** 빈 방 있습니까?   228

Lektion 18   **Die Zähne tun mir weh.** 저는 이가 아픕니다.   242

Lektion 19   **Wir gehen ins Kino.** 우리는 극장에 간다.   256

Lektion 20   **Was hast du gestern gemacht?** 너는 어제 뭐 했니?   272

부록   불규칙동사 변화표   286
문제척척 정답   290

이 책의 구성과 학습법

문법콕콕

주제 문장을 통해 독일어 기초 문법을
배웁니다. 단어를 정리한 부분도 꼭
외우세요.

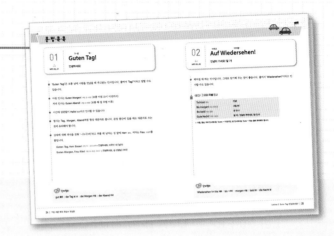

회화술술

본문에서 배운 표현을 회화로 구성했
습니다.
다양한 상황에서 활용되는 표현을 듣
고 따라 해 보세요.

패턴톡톡

독일의 문장을 패턴 형식으로 익히는
페이지입니다.
반복해서 듣고 따라하면서 자연스럽게
입에서 나오게 연습하세요.

문제척척

앞에서 배운 내용을 잘 기억해서 문제를 풀어 보세요. 실력을 확인하는 코너입니다.

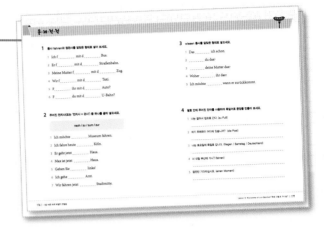

다양한 부록

워크북

책 속에 책으로 워크북이 제공됩니다. 본문에서 배운 내용을 다시 한 번 확인할 수 있습니다.

MP3 다운로드

원어민이 녹음한 음원을 MP3 무료 다운로드로 제공합니다.
MP3는 동양북스 홈페이지(www.dongyangbooks.com)에서
다운받으실 수 있습니다

MP3 다운로드

동영강 강의, 팟캐스트 음성 강의

▶ 🎧 친절한 무료 동영상 강의, 팟캐스트 음성 강의가 준비되어 있습니다.
다양한 부록으로 혼자서도 쉽고 재미있게 공부해 보세요.

학습 플랜

Day 1 월 일	Day 2 월 일	Day 3 월 일
☐ 1과 문자와 발음(알파벳, 모음의 발음)	☐ 1과 문자와 발음(자음의 발음) + 워크북 1과	☐ MP3 음원만 듣고 따라하기

Day 7 월 일	Day 8 월 일	Day 9 월 일
☐ 4과 + 워크북 4과	☐ 5과 + 워크북 5과	☐ 6과 + 워크북 6과

Day 13 월 일	Day 14 월 일	Day 15 월 일
☐ 9과 + 워크북 9과	☐ 7~9과 복습	☐ 10과 + 워크북 10과

Day 19 월 일	Day 20 월 일	Day 21 월 일
☐ 13과 + 워크북 13과	☐ 14과 + 워크북 14과	☐ 15과 + 워크북 15과

Day 25 월 일	Day 26 월 일	Day 27 월 일
☐ 18과 + 워크북 18과	☐ 16~18과 복습	☐ 19과 + 워크북 19과

Day 4 월 일	**Day 5** 월 일	**Day 6** 월 일
□ 2과 + 워크북 2과	□ 3과 + 워크북 3과	□ 1~3과 복습
Day 10 월 일	**Day 11** 월 일	**Day 12** 월 일
□ 4~6과 복습	□ 7과 + 워크북 7과	□ 8과 + 워크북 8과
Day 16 월 일	**Day 17** 월 일	**Day 18** 월 일
□ 11과 + 워크북 11과	□ 12과 + 워크북 12과	□ 10~12과 복습
Day 22 월 일	**Day 23** 월 일	**Day 24** 월 일
□ 13~15과 복습	□ 16과 + 워크북 16과	□ 17과 + 워크북 17과
Day 28 월 일	**Day 29** 월 일	**Day 30** 월 일
□ 20과 + 워크북 20과	□ 19~20과 복습	□ 교재 없이 MP3 파일만 듣기

Lektion 1

문자와 발음

문자와 발음

◆ 알파벳

🎧 MP3 01_01

알파벳 Buchstaben	발음		알파벳 Buchstaben	발음	
A a	아—	a:	P p	페—	pe:
B b	베—	be:	Q q	쿠—	ku:
C c	체—	tse:	R r	에르	ɛr
D d	데—	de:	S s	에스	ɛs
E e	에—	e:	T t	테—	te:
F f	에프	ɛf	U u	우—	u:
G g	게—	ge:	V v	파우	fau
H h	하—	ha	W w	베—	ve:
I i	이—	i:	X x	익스	ɪks
J j	요트	jɔt	Y y	윕실런	ʏpsilɔn
K k	카—	ka:	Z z	체트	tsɛt
L l	엘	ɛl	Ä ä	애—	ɛ:
M m	엠	ɛm	Ö ö	외—	ø:
N n	엔	ɛn	Ü ü	위—	y:
O o	오—	o:	ß	에스체트	ɛstsɛt

◆ 모음의 발음

01 단모음

a, e, i, o, u 장음, 단음 규칙

▶ 길게 발음되는 경우

다음 세 가지 경우에는 길게 '아-, 에-. 이-, 오-, 우-'로 발음합니다.

① 'a, e, i, o, u'의 바로 뒤에 오는 자음이 한 개일 때.

② 같은 모음 두 개가 중복될 때. aa(아-), ee(에-), ii(이-), oo(오-), uu(우-)

③ 모음 뒤에 h가 있을 때. ah(아-), eh(에-), ih(이-), oh(오-), uh(우-)

▶ 짧게 발음되는 경우

'a, e, i, o, u'의 바로 뒤에 오는 자음이 두 개 이상일 경우에는 짧게 '아, 에. 이, 오, 우'로 발음합니다.

| a | [a:] [아-] | haben [하-벤] 가지고 있다 Frage [프라-게] 질문 Hahn [한-] 수탉 |
| | [a] [아] | alt [알트] 늙은 Gast [가스트] 손님 Tasse [타쎄] 찻잔 |

e	[e:] [에-]	Leben [레-벤] 생명. 생활 Tee [테-] 차 Fehler [펠-러] 실수
	[ɛ] [애]	Welt [벨트] 세계 Fenster [펜스터] 창문 gelb [겔프] 노란색의
	[ə] [에]	Dame [다-메] 귀부인 rufen [루-펜] 부르다 Ampel [암펠] 신호등

▶ 세 번째 [ə] 발음에 유의하세요. 하나의 단어 안에 두 개 이상의 모음이 있을 경우 끝에 위치한 e는 악센트 없이 발음합니다. 우리말의 '에'와 '으' 사이 정도의 발음으로 연습해 보세요.

| i | [i:] [이-] | Kino [키-노] 극장 Titel [티-텔] 칭호 Bibel [비-벨] 성서 |
| | [I] [이] | Winter [빈터] 겨울 Fisch [피쉬] 물고기, 생선 Kind [킨트] 아이 |

| o | [o:] [오-] | Tod [토-트] 죽음 wohnen [보-넨] 살다 rot [로-트] 붉은 |
| | [ɔ] [오] | Post [포스트] 우편, 우체국 noch [녹흐] 아직 Onkel [옹켈] 삼촌 |

Lektion 1 문자와 발음 | 13

| u | [uː] [우─] | gut [구─트] 좋은 Blume [블루─메] 꽃 Uhr [우─어] 시계 |
| | [ʊ] [우] | Puppe [푸페] 인형 dumm [둠] 어리석은 Punkt [풍크트] 점, 마침표 |

y	[yː] [위─]	Typ [튚-] 유형, 타입 Lyrik [류─릭] 서정시
	[ʏ] [위]	System [쥐스템] 시스템 Symbol [쥠볼─] 상징
		Gymnasium [귐나─지움] 김나지움(독일의 중·고등학교)
	[j] [이]	Yoghurt [요─구어트] 요구르트 Yoga [요─가] 요가

02 변모음

🎧 MP3 01_03

ä	[ɛː] [애─]	Käse [캐─제] 치즈 zählen [챌─렌] 세다 spät [슈패─트] 늦은
	[ɛ] [애]	mächtig [매히티히] 강력한 kämpfen [캠펜] 싸우다
		Bäcker [배커] 빵집 주인

ö	[øː] [외─]	Löwe [뢰─베] 사자 lösen [뢰─젠] 풀다, 해결하다 Möbel [뫼─벨] 가구
	[œ] [외]	Löffel [뢰펠] 숟가락 öffnen [외프넨] 열다
		öffentlich [외펜틀리히] 공공의

| ü | [yː] [위─] | Süden [쥐─덴] 남쪽 grün [그륀─] 녹색의 berühmt [베륌─트] 유명한 |
| | [ʏ] [위] | dünn [뒨] 얇은 Glück [글뤽] 행운 gültig [귈티히] 유효한 |

03 복모음

🎧 MP3 01_04

| ei, ai ey, ay | [aɪ] [아이] | Ei [아이] 계란 eins [아인스] 일(1) Freiheit [프라이하이트] 자유 |
| | | Mai [마이] 5월 Meyer [마이어] 사람 이름 Mayer [마이어] 사람 이름 |

eu äu	[ɔʏ] [오이]와 [어이] 중간 정도로 발음합니다.
	Leute [로이테] 사람들 Deutsch [도이취] 독일어
	träumen [트로이멘] 꿈꾸다 Bäume [보이메] 나무들

| **au** | [au] [아우] | laut [라우트] 시끄러운 Ausland [아우스란트] 외국 |
| | | auch [아욱흐] 역시, 또한 |

ie	[i:] [이—]	Fieber [피—버] 열 lieben [리—벤] 사랑하다
		Dienstag [딘—스탁] 화요일
	[Iə] [이에]	Familie [파밀—리에] 가족 Italien [이탈리엔] 이탈리아
		Ferien [페—리엔] 휴가

◆ 자음의 발음

🎧 MP3 01_05

단어를 소리 나는 대로 우리말로 적을 때 [f]와 [p]를 똑같이 '프'로 적고, [b]와 [v]를 '브'로, 그리고 [r]와 [l]을 '르'로 적어 두었지만 [f]와 [p], [b]와 [v], 그리고 [r]와 [l]은 다른 발음입니다. 영어에서의 발음을 생각하면서 잘 듣고 따라해 보세요.

b	[b] [브]	단어 처음이나 모음 앞에서는 [b]로 발음합니다.
		Bruder [브루—더] 남자 형제 Liebe [리—베] 사랑 bitten [비텐] 부탁하다
	[p] [프]	단어 끝이나 자음 앞에서는 [p]로 발음합니다.
		Kalb [칼프] 송아지 halb [할프] 절반의 Herbst [헤엎스트] 가을

c	[k] [크]	Café [카페—] 카페 Computer [컴퓨—터] 컴퓨터 Cousin [쿠쟁] 사촌
	[ts] [츠]	circa [치르카] 약, 대략
	▶ c로 시작되는 단어는 거의 외래어입니다.	

ch는 a, o, u, au 뒤에서는 [x] [흐]로 발음하고, 그 외에는 [ç][히]로 발음합니다.
예외적으로 (주로 외래어의 경우) [k][크]나 [ʃ][슈]로 발음될 때도 있습니다.

ch	[x] [흐]	Koch [콕흐] 요리사 Nacht [낙흐트] 밤 auch [아욱흐] 역시, 또한
		lachen [락헨] 웃다 Kuchen [쿡—흔] 케이크
	▶ [x]는 우리말로 표현하기 어렵고 발음하기도 어렵습니다. 잘 듣고 연습해 보세요. 입천장 뒤쪽, 우리말 '크'보다 약간 뒤쪽의 연구개에서 소리를 냅니다. '크'와 '흐'를 동시에 발음하는 것 같은 소리를 내 보세요.	
	[ç] [히]	höflich [회—플리히] 예의바른 lächeln [래핼른] 미소짓다
		Pech [패히] 불운, 곤경

ch	[k] [크]	Charakter [카락터] 성격
	[ʃ] [슈]	Chef [셰프] 우두머리, 사장 Chance [샹세] 기회, 찬스
ck	[k] [크]	zurück [추뤽] 되돌아, 되돌려 Blick [블릭] 시선 Glück [글뤽] 행운
chs	[ks] [크스]	Achse [악세] 축 Ochse [옥세] 황소 wachsen [봑센] 자라다
d	[d] [드]	단어 처음이나 모음 앞에서는 [d]로 발음합니다.
		Dichter [디히터] 시인 dort [도어트] 저기에 werden [베어댄] 되다
	[t] [트]	단어 끝이나 자음 앞에서는 [t]로 발음합니다.
		Hand [한트] 손 Hund [훈트] 개 Grund [그룬트] 땅, 토지
dt th	[t] [트]	verwandt [페어반트] 친척 간의 Stadt [슈타트] 도시
		Theorie [테오리–] 이론 Therapie [테라피–] 치료법
ds ts tz	[ts] [츠]	우리말 '쯔'와 '츠'의 중간 정도로 발음합니다.
		abends [아–벤츠] 저녁에 nichts [니히츠] 아무것도 ~하지 않다
		Katze [카체] 고양이 Platz [플라츠] 광장
f	[f] [프]	영어의 f처럼 발음합니다.
		frei [프라이] 자유로운 finden [핀덴] 발견하다 Beruf [베루–프] 직업
g	[g] [그]	단어 처음이나 모음 앞에서는 [g]로 발음합니다.
		Geige [가이게] 바이올린 groß [그로–스] 큰 folgen [폴겐] 따르다
	[k] [크]	단어 끝이나 자음 앞에서는 [k]로 발음합니다.
		Anzug [안축–] 양복 Sonntag [존탁–] 일요일 Weg [벡–] 길
-ig	[Iç] [이히]	단어 끝에 –ig가 있을 때는 [Iç]로 발음합니다.
		ewig [에–비히] 영원한 billig [빌리히] 값싼 häufig [호이피히] 빈번한

h	[h] [ㅎ]	Hose [호-제] 바지 hart [하어트] 단단한 Hauptbahnhof [하웁트반-호프] 중앙역
	[묵음]	모음 뒤에 오는 h는 발음되지 않고 앞의 모음만 길게 발음합니다. U-Bahn [우-반-] 지하철 Schuhe [슈-에] 구두 Ohr [오-어] 귀
j	[j]	j는 항상 다른 모음과 함께 옵니다. jo[요], je[예], ju[유] Jahreszeit [야-레스차이트] 계절 jung [융] 젊은 Juni [유니] 6월
k	[k] [크]	Kraft [크라프트] 힘 kalt [칼트] 차가운 Keller [켈러] 지하실
l	[l] [ㄹ]	영어의 L처럼 발음합니다. ledig [레-디히] 미혼인 leicht [라이히트] 가벼운 blau [블라우] 파란
m	[m] [ㅁ]	Mutter [무터] 어머니 einmal [아인말] 한 번, 언젠가 Marmor [마모어] 대리석
n	[n] [ㄴ]	nahe [나-에] 가까운 nehmen [네-멘] 받다, 잡다 Norden [노어덴] 북쪽
ng	[ŋ] ['o' 받침]	langsam [랑잠] 느린 Anfang [안팡] 시작 Englisch [앵리쉬] 영어
nk	[ŋk] [-ㅇ크]	dunkel [둥캘] 어두운 danken [당켄] 감사하다 krank [크랑크] 아픈
p	[p] [프]	Pelz [펠츠] 모피 Panik [파-닉] 경악, 공포 Puder [푸-더] 분말, 파우더
ph	[f] [프]	영어의 f와 똑같이 발음합니다. Phase [파-제] 단계, 국면 Philosophie [필로조피-] 철학 Physik [피직-] 물리학
pf	[pf] [프]	p와 f를 동시에 발음합니다. 자음이 두 개이므로 앞의 모음은 짧게 발음합니다. Kopf [콥프] 머리 Apfel [앞펠] 사과 Pfeffer [페퍼] 후추

qu	[kv] [크브]	Qualität [크발리탵–] 품질 Quelle [크벨레] 원천 bequem [베크벰–] 편안한
r	[r] [르] [ɐ] [어]	Ring [링] 반지 Regen [레–겐] 비 Rathaus [라–트하우스] 시청 단어의 끝에 위치한 r는 모음화하여 [ɐ]로 발음합니다. 다른 모음이 앞에 있고 끝에 '_er'가 있으면 '_er'를 한꺼번에 [ɐ]로 발음합니다. ihr [이–어] 너희 sehr [제–어] 매우 Lehrer [레–러] 선생님 Maler [말–러] 화가
s	[s] [스] [z] [즈]	Glas [글라–스] 유리, 컵 Preis [프라이스] 가격 Fenster [펜스터] 창문 s가 모음 앞에 있으면 목청을 울리는 유성음 [z]로 발음합니다. Sommer [좀머] 여름 Suppe [주페] 수프 Reise [라이제] 여행
ss **ß**	[s] [스]	essen [엣센] 먹다 Impression [임프레시온–] 인상, 감명 groß [그로–스] 큰 weiß [봐이스] 흰색의
sch	[ʃ] [슈]	Schwester [슈베스터] 여자 형제 Schwein [슈바인] 돼지 Schlüssel [슐륏셀] 열쇠
sp	[ʃp] [슈프]	단어나 음절 처음에 있을 때 [ʃp]로 발음합니다. Spiegel [슈피–겔] 거울 Spiel [슈필–] 놀이, 경기 Speise [슈파이제] 요리
st	[ʃt] [슈트]	단어나 음절 처음에 있을 때 [ʃt](슈트)로 발음합니다. Stuhl [슈툴–] 의자 Struktur [슈트룩투–어] 구조 Straße [슈트라–세] 도로
t	[t] [트] [ts] [츠]	Treppe [트레페] 계단 Traum [트라움] 꿈 traurig [트라우리히] 슬픈 외래어의 경우 –tio, –tie, –tia 등에서 t가 [ts](츠)로 발음됩니다. Position [포지치온–] 지위 Station [슈타치온–] 정거장 Patient [파치엔트] 환자
tsch	[tʃ] [츄]	'츄'와 '취'의 중간 정도로 발음합니다. Deutschland [도이췰란트] 독일 Tschüss [츄–스] (헤어질 때) 안녕!

V	[f] [프]	v는 주로 [f]로 발음합니다.
		Vater [파-터] 아버지 Vogel [포-겔] 새 verstehen [페어슈텐-] 이해하다
	[v] [브]	Klavier [클라비어] 피아노 Vase [바-제] 꽃병 privat [프리바-트] 개인적인
W	[v] [브]	Wetter [베터] 날씨 Wand [반트] 벽 Wurst [부어스트] 소시지
X	[ks] [-ㅋ스]	Text [텍스트] 텍스트 Taxi [탁시] 택시 Examen [엑사-멘] 시험
Z	[ts] [츠]	'쯔'와 '츠'의 중간 정도로 발음합니다.
		tanzen [탄첸] 춤추다 Salz [잘츠] 소금 Zeit [차이트] 시간

1 아래 약어를 알파벳으로 읽어 보세요. MP3 01_06

BRD	USA	BMW	VW	EU
ICE	FAZ	WC	FC	CDU

2 세계적으로 알려진 독일인들의 이름입니다. 소리 내어 읽어 보세요. MP3 01_07

Angela Merkel   Marlene Dietrich

Rosa Luxemburg   Hannah Arendt

Clara Schumann   Käthe Kollwitz

Steffi Graf   Romy Schneider

Anne Frank   Bettina von Arnim

Johann Wolfgang von Goethe   Johann Sebastian Bach

Richard Wagner   Friedrich Schiller

Immanuel Kant   Bertolt Brecht

Konrad Adenauer   Thomas Mann

Albert Einstein   Richard Strauss

3 독일의 연방주와 각 주의 주도입니다. 소리 내어 읽어 보세요.

MP3 01_08

Bundesland (연방주)	Landeshauptstadt (주도)
Nordrhein-Westfalen	Düsseldorf
Niedersachsen	Hannover
Bayern	München
Rheinland-Pfalz	Mainz
Hessen	Wiesbaden
Saarland	Saarbrücken
Berlin	Berlin
Brandenburg	Potsdam
Schleswig-Holstein	Kiel
Mecklenburg-Vorpommern	Schwerin
Thüringen	Erfurt
Sachsen	Dresden
Sachsen-Anhalt	Magdeburg
Bremen	Bremen
Baden-Württemberg	Stuttgart
Hamburg	Hamburg

Guten Tag!

안녕하세요!

01

🎧
MP3 02_01

구-텐   탁-
Guten Tag!

안녕하세요!

● 'Guten Tag!'은 보통 낮에 사람을 만났을 때 주고받는 인사입니다. 줄여서 'Tag!'이라고 말할 수도 있습니다.

● 아침 인사는 Guten Morgen! 구텐 모-르겐 (보통 아침 10시 이전까지)
저녁 인사는 Guten Abend! 구텐 아-벤트 (보통 해 질 무렵 이후)

● 시간에 상관없이 Hallo! 할로라고 인사할 수 있습니다

● 명사는 Tag, Morgen, Abend처럼 항상 대문자로 씁니다. 문장 중간에 있을 때도 대문자로 쓰는 것에 유의해야 합니다.

● 상대에 대해 격식을 갖춰 '~(누구)씨!'라고 부를 때 남자는 성 앞에 Herr 헤어, 여자는 Frau 프라우를 붙입니다.

    Guten Tag, Herr Bauer! 구텐 탁-, 헤어 바우어 안녕하세요, 바우어 씨! (남자)

    Guten Morgen, Frau Kim! 구텐 모-르겐, 프라우 킴 안녕하세요, 김 선생님! (여자)

 단어정리

gut 좋은 | **der Tag** 날, 낮 | **der Morgen** 아침 | **der Abend** 저녁

02
🎧 MP3 02_02

아우프 비더젠-
Auf Wiedersehen!

안녕히 가세요! 잘 가!

헤어질 때 하는 인사입니다. 그대로 암기해 두는 것이 좋습니다. 줄여서 'Wiedersehen!'이라고 인사할 수도 있습니다.

〈참고〉 그 외의 작별 인사

Tschüss! 취스	안녕!
Bis morgen! 비스 모르겐	내일 봬!
Bis bald! 비스 발트	곧 만나!
Gute Nacht! 구테 나흐트	잘 재 / 안녕히 주무세요. (밤 인사)

▶ 아침, 점심, 저녁 인사에서는 'Guten ~'이었지만, 밤 인사에서는 'Gute ~'라는 점에 유의해야 합니다.

 단어정리

Wiedersehen 다시 만남, 재회 | **bis** ~까지 | **morgen** 내일 | **bald** 곧 | **die Nacht** 밤

03

🎧
MP3 02_03

비 게-트 에스 이-넨

Wie geht es Ihnen?

어떻게 지내세요?

- 의문사 wie(어떻게, 얼마나)로 시작하는 의문문입니다.

- 서로 성을 부르며 격식을 갖추는 공식적 관계에서 안부를 물을 때는 'Wie geht es Ihnen?'(어떻게 지내세요?)이라고 묻습니다. 문장 구조와 문법을 배우기 전에 우선 여기에서는 문장 그대로 암기 해 두는 것이 좋습니다.

- 서로 이름을 부르는 사적인 관계에서는 'Wie geht es dir? 비 게트 에스 디어'라고 묻습니다.

- 줄여서 'Wie geht's? 비 게츠'라고 말하기도 합니다.

- 보통 'Guten Tag, Frau/Herr ~!'라는 인사에 이어서 안부를 묻습니다.

  Guten Tag, Herr Kim! Wie geht es Ihnen? 안녕하세요, 김 선생님. 어떻게 지내세요?

  Hallo, Peter. Wie geht's? 안녕, 페터! 어떻게 지내?

 단어정리

wie 어떻게 | **Es geht ~ gut** ~가 잘 지내다 | **Ihnen** Sie(당신)의 3격형

04

에스　게-트　미어　굳
Es geht mir gut.

🎧
MP3 02_04

저는 잘 지냅니다.

● 'Es geht ~ gut ~ (누구)가 잘 지내다'라는 문장에서는 '누구'에 해당되는 단어를 3격형으로 써야 합니다. 위의 문장에서는 ich(나)의 3격형인 mir가 쓰인 것입니다.

　▶ 문법 용어인 3격에 대해서 1과에서 공부하기는 어려우니 여기에서는 문장을 그대로 암기해 두세요.

● 'Wie geht es Ihnen?'이나 'Wie geht's?'라는 질문에 대해서는 자신의 상황에 따라 다음과 같이 대답할 수 있습니다.

　– **Gut.** 잘 지내요. (= Es geht mir gut. = Mir geht es gut.)

　– **Sehr gut.** 아주 잘 지내요.

　– **Es geht.** 그냥 그렇게 지내요.

　– **Nicht so gut.** 그렇게 잘 지내지 못해요.

　– **Nicht schlecht.** 나쁘진 않아요.

　– **Schlecht.** 안 좋아요.

● 잘 지낸다고 대답을 한 후에는 상대방의 안부를 되묻는 것이 예의입니다. 공식적인 관계에서는 'Und wie geht es Ihnen?'을 줄여서 'Und Ihnen?'(당신은 어때요?)이라고 되물을 수 있습니다. 사적인 사이에는 'Und dir?'라고 말합니다.

● 안부를 물어줘서 고맙다는 의미로, 잘 지낸다는 대답의 앞이나 뒤쪽에 'Danke!' 당케 (고맙습니다)를 넣어 줍니다.

　　Danke, gut. Und Ihnen(/dir)? 당케, 굳-. 운트 이-넨?

● '나도 역시 잘 지내.'라고 할 때는 'Es geht mir auch gut!'을 줄여서 'Auch gut, danke!' 아욱흐 굳-, 당케'라고 대답하면 됩니다.

 단어정리

Danke! 감사합니다, 고마워 | **gut** 좋은 | **auch** 역시 | **sehr** 매우 | **schlecht** 나쁜 | **so** 그렇게 | **nicht** ~아니다 (영어의 not)

🎧 MP3 02_05

A　Guten Tag, Frau Lehmann!

B　Guten Tag, Herr Kim!

A　Wie geht es Ihnen?

B　Danke, es geht mir gut. Und Ihnen?

A　Auch gut, danke. Auf Wiedersehen!

B　Auf Wiedersehen!

해석

A　안녕하세요, 레만 씨!

B　안녕하세요, 김 선생님!

A　어떻게 지내세요?

B　잘 지냅니다. 감사합니다. 레만 씨는 어떠세요?

A　저도 잘 지내요. 감사합니다. 안녕히 가세요!

B　안녕히 가세요!

🎧 MP3 02_06

Guten Tag!

안녕하세요! (낮 인사)

① **Morgen!** 안녕하세요! (아침 인사)

② **Abend!** 안녕하세요! (저녁 인사)

🎧 MP3 02_07

Wie geht es Ihnen?

Danke, gut. Und Ihnen?

어떻게 지내세요? 잘 지내요. 고맙습니다. 당신은 어떠세요?

① **dir?** 너 어떻게 지내?

 dir? 잘 지내. 고마워. 너는 어때?

🎧 MP3 02_08

 03

Es geht mir gut.

나는 잘 지내.

① **nicht so gut.** 그다지 잘 지내지 못해.

② **nicht schlecht.** 나쁘진 않아.

③ **sehr gut.** 아주 잘 지내.

🎧 MP3 02_09

04

Auf Wiedersehen!

안녕히 가세요.

① **Tschüss!** 안녕!

② **Gute Nacht!** 잘 자!

문·제·척·척

1 인사말을 적어 보세요.

1 안녕하세요! (아침 인사)

_____

2 안녕하세요! (낮 인사)

_____

3 안녕하세요! (저녁 인사)

_____

4 안녕히 가세요! (또 봬요!)

_____

5 잘 자!

_____

2 Dami가 친구 Anna와 마주쳤습니다. 빈 칸에 알맞은 말을 넣어 대화를 완성하세요.

Dami	Hallo, Anna! 안녕, 안나!
Anna	_____. Dami! 안녕, 다미!
	Wie _____? 어떻게 지내?
Dami	_____. 잘 지내, 고마워.
	Und _____? 너는 어때?
Anna	_____. 나도 잘 지내. 고마워.

3 Schmitt 씨와 Meyer 씨가 아침에 길에서 만났습니다. 빈 칸에 알맞은 말을 넣어 대화를 완성하세요.

Meyer   Guten _____, Herr Schmitt! 안녕하세요, 슈미트씨!

Schmitt   _____, Herr Meyer. 안녕하세요, 마이어 씨.

   Wie _____? 어떻게 지내십니까?

Meyer   _____. 잘 지냅니다. 감사합니다.

   Und _____? 당신은 어떻게 지내십니까?

Schmitt   _____. 저도 잘 지냅니다. 감사합니다.

   _____. 안녕히 가세요.

Meyer   _____. 안녕히 가세요.

Wie heißen Sie?

이름이 무엇입니까?

문·법·콕·콕

01 Wie heißen Sie?

비 하이쎈 지-

🎧 MP3 03_01

이름이 무엇입니까?

인칭대명사

1인칭	2인칭	3인칭
ich 나 wir 우리	du 너 ihr 너희 Sie 당신, 당신들 (존칭)	er 그, 그것(남성) / es 그것(중성) / sie 그녀, 그것(여성) sie 그들, 그것들

● 이름을 물을 때 동사 heißen(이름이 ~이다)을 사용합니다.

● 독일어의 동사는 주어에 따라서 동사의 끝부분인 −en부분(동사의 어미)이 변화합니다.

heißen 동사 현재형

단수 주어		복수 주어 / 존칭 Sie	
ich	heiße	wir	heißen
du	heißt	ihr	heißt
er/sie/es	heißt	sie/Sie	heißen

● 의문사가 있는 의문문은 'Wie heißen Sie?'처럼 '의문사 + 동사 + 주어~?' 순서로 문장을 만듭니다.

● 독일어에는 2인칭 대명사가 du, ihr, Sie, 세 가지가 있습니다. 서로 친한 사적인 관계인지 아니면
격식을 차리는 공식적 관계인지에 따라서 상대를 가리키는 2인칭 대명사가 다르게 사용됩니다.

   − 서로 성을 부르는 사이에서는 상대를 Sie로 지칭합니다. 단수와 복수가 같습니다.

   − 가족과 친구 등 사적인 관계에는 나이가 많고 적음에 상관없이 상대를 du로 지칭합니다. 젊은이
   들은 (예를 들어 대학 안에서) 처음 본 사이에도 du를 사용합니다. 복수는 ihr입니다.

   Wie heißen Sie? 당신 이름이 무엇입니까?   **Wie heißt du?** 너는 이름이 어떻게 되니?

 단어정리

wie 얼마나, 어떻게 | heißen 이름이 ~이다

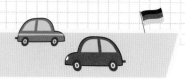

02 Wie ist Ihr Name?

비 이스트 이어 나-메

🎧 MP3 03_02

당신의 이름이 무엇입니까?

● 'Wie heißen Sie?'와 같은 뜻으로 이름을 묻는 의문문입니다.

● ist는 영어의 be 동사와 같은 의미인 동사 sein의 3인칭 현재형입니다.

● **sein 동사 현재형**

sein 동사는 인칭에 따라 불규칙 변화하므로 꼭 암기해야 합니다!

단수 주어		복수 주어 / 존칭 Sie	
ich	bin	wir	sind
du	bist	ihr	seid
er/sie/es	ist	sie/Sie	sind

● sein(있다, ~이다)은 형용사와 함께 오기도 하고 명사와 함께 쓰이기도 합니다.

Ich bin müde. 나는 피곤하다.

Sie ist freundlich. 그녀는 친절하다.

Er ist Student. 그는 대학생이다.

● Ihr(당신의)는 존칭 Sie(당신)의 소유관사입니다. 소유관사 형태도 지금 암기해 두는 것이 좋습니다.

● **소유관사**

(ich) mein 나의	(du) dein 너의
(er/es) sein 그의, 그것의	(sie) ihr 그녀의
(wir) unser 우리의	(ihr) euer 너희의
(sie) ihr 그들의	(Sie) Ihr 당신의

 단어정리

der Name 이름 | **ist** ~이다 (영어의 be 동사와 같은 sein 동사의 3인칭 단수 현재형) | **müde** 피곤한 | **freundlich** 친절한
| **der Student** 대학생

03

마인   나-메   이스트   다미   킴
Mein Name ist Dami Kim.

저의 이름은 김다미입니다.

🎧 MP3 03_03

● '내 이름은 ~입니다.'라고 말할 때 'Ich heiße~', 또는 'Mein Name ist~'라고 할 수 있습니다.

Ich heiße Dami Kim. = Mein Name ist Dami Kim. 저의 이름은 김다미입니다.

● 간단히 이름을 말할 때는 **sein** 동사를 사용하여 'Ich bin~' (나는 ~이다)라고 말할 수도 있습니다.

Ich bin Dami. 나는 다미야. (내 이름은 다미야.)

● 관청이나 은행 등에서 이름을 말할 때 성(Familienname, 또는 Nachname)과 이름(Vorname)을 구분해서 말해 주어야 할 경우가 있습니다.

Ist Kim Ihr Vorname? Kim이 당신의 이름입니까?

Nein, Kim ist mein Familienname. 아닙니다. Kim은 저의 성입니다.

 단어정리

mein 나의 | **der Name** 이름 | **der Familienname** 성(姓) | **der Nachname** 성(姓) | **der Vorname** 이름 | **nein** 아니, 아니요

04 Freut mich.

프로이트　미히

🎧 MP3 03_04

반가워 (반갑습니다).

- 어떤 사람을 소개 받거나 처음 인사를 나눌 때 할 수 있는 인사입니다.

- 'Freut mich'는 주어가 생략된 관용적 표현입니다. 'Es freut mich, Sie kennenzulernen.', 또는 'Es freut mich, dich kennenzulernen.'를 줄여서 간단하게 말하는 표현입니다. '당신을 (너를) 만나서 기쁩니다.'라는 의미입니다.

- mich는 ich(나)의 4격형입니다. '(Das) freut mich.'를 그대로 직역하면 '(그것이, 당신을 만난 것이) 나를 기쁘게 합니다.'가 됩니다. 여기에서는 문법을 생각하지 말고 그대로 암기하는 것이 좋습니다. (4격에 대해서는 뒤에 다시 설명됩니다.)

- '저 역시 반갑습니다.'라고 할 때는 'Freut mich auch!'라고 말합니다.

- 'Herzlich Willkommen! 헤어츨리히 빌콤멘'은 '환영합니다!'라는 뜻입니다.

 단어정리

freuen 기쁘게 하다 ｜ **mich** 나를 (ich의 4격 목적어)

🎧 MP3 03_05

A Guten Tag. Ich heiße Dami Kim. Wie ist Ihr Name?

B Guten Tag. Mein Name ist Maya Schmitt.

A Ist Maya Ihr Familienname?

B Nein. Maya ist mein Vorname. Mein Familienname ist Schmitt.

A Freut mich, Frau Schmitt.

B Freut mich auch.

해석

A 안녕하세요. 제 이름은 김다미입니다. 당신은 이름이 어떻게 되십니까?

B 안녕하세요. 제 이름은 마야 슈미트입니다.

A 마야가 성인가요?

B 아닙니다. 마야는 이름입니다. 제 성은 슈미트입니다.

A 반갑습니다. 슈미트 씨.

B 저도 반갑습니다.

🎧 MP3 03_06

| 01 | **Wie heißen Sie?**
당신은 이름이 무엇입니까?

① **heißt du?** 너는 이름이 뭐니?

② **heißt ihr?** 너희들은 이름이 어떻게 되니?

③ **heißt er?** 그는 이름이 뭡니까?

④ **heißt sie?** 그녀는 이름이 뭡니까?

🎧 MP3 03_07

| 02 | **Ich heiße Dayun Kim.**
내 이름은 김다윤입니다.

① **Du heißt** 네 이름이 김다윤이구나.

② **Er heißt** 그의 이름은 김다윤입니다.

③ **Sie heißt** 그녀의 이름은 김다윤입니다.

🎧 MP3 03_08

03 Wie ist Ihr Name?

당신의 이름이 무엇입니까?

① **dein** 네 이름이 뭐니?

② **sein** 그의 이름이 뭡니까?

③ **ihr** 그녀의 이름이 뭡니까?

🎧 MP3 03_09

04 Mein Name ist Boram Kim.

내 이름은 김보람입니다.

① **Dein** 네 이름이 김보람이구나.

② **Sein** 그의 이름은 김보람입니다.

③ **Ihr** 그녀의(당신의) 이름은 김보람입니다.

1 sein 동사를 주어에 맞게 넣어 보세요.

1 Er _____ Student.

2 _____ du Student?

3 Ich _____ müde.

4 _____ Sie müde?

5 Wir _____ müde.

6 Frau Kim _____ freundlich.

7 _____ ihr müde?

2 heißen 동사를 주어에 맞게 넣어 보세요.

1 Wie _____ du?

2 Wie _____ Sie?

3 Wie _____ er?

4 Ich _____ Yuna Park.

5 Er _____ Michael Meyer.

6 Sie _____ Anke Meyer.

3 의미에 맞게 보기에서 소유관사를 골라 넣으세요.

> 보기
>
> mein   dein   sein   ihr   Ihr

1 Wie ist _____ Name? 당신의 이름은 무엇입니까?

2 Wie ist _____ Name? 너는 이름이 뭐니?

3 _____ Name ist Boram Kim. 내 이름은 김보람입니다.

4 _____ Name ist Jan Schmitt. 그의 이름은 얀 슈미트이다.

5 _____ Name ist Anna Schmitt. 그녀의 이름은 안나 슈미트이다.

Ich bin 20 Jahre alt.

나는 스무 살입니다.

01

🎧
MP3 04_01

^비 ^{알트} ^{진트} ^{지-}
Wie alt sind Sie?

당신은 나이가 어떻게 되십니까?

- 의문사 **wie**와 형용사 **alt**(늙은, 낡은)가 함께 쓰이면 나이를 묻는 의문문이 됩니다.
- 주어가 바뀌면 **sein** 동사 형태도 달라집니다.

  Wie alt bist du? 너는 몇 살이니?

  Wie alt ist Peter? 페터는 몇 살이니?

- 대답은 'Ich bin (나이 숫자) Jahre alt.'로 씁니다.

  Ich bin 30(dreißig) Jahre alt. 나는 서른 살입니다.

  Peter ist sechzehn Jahre alt. 페터는 열여섯 살이다.

- 숫자 1~99

  두 자리 수는 '1의 자리+und+10의 자리'로 읽습니다. 21, 31, 41. ... 91에서 1은 s를 빼고
  'einund~'로 읽습니다.

0 null	1 eins	2 zwei	3 drei	4 vier	5 fünf
6 sechs	7 sieben	8 acht	9 neun	10 zehn	
11 elf	12 zwölf	13 dreizehn	14 vierzehn	15 fünfzehn	
16 sechzehn	17 siebzehn	18 achtzehn	19 neunzehn	20 zwanzig	
21 einundzwanzig		22 zweiundzwanzig		23 dreiundzwanzig	
24 vierundzwanzig		25 fünfundzwanzig		26 sechsundzwanzig	
27 siebenundzwanzig		28 achtundzwanzig		29 neunundzwanzig	
30 dreißig	31 einunddreißig		32 zweiunddreißig		
40 vierzig	45 fünfundvierzig		50 fünfzig	52 zweiundfünfzig	
60 sechzig	66 sechsundsechzig		70 siebzig	77 siebenundsiebzig	
80 achtzig	88 achtundachtzig		90 neunzig	99 neunundneunzig	

 단어정리

das Jahr, Jahre 해, 년 | **alt** 나이든, 나이가 ~인, 낡은

02 Sind Sie verheiratet?

진트 지 페어하이라테트

MP3 04_02

기혼이십니까?

● 기혼 여부를 묻는 질문입니다.

● 의문사가 없는 질문에 대한 답은 Ja(예)나 Nein(아니오)으로 시작합니다.

Sind Sie verheiratet? 기혼이십니까?

– **Ja, ich bin verheiratet.** 예, 저는 기혼입니다.

– **Nein, ich bin ledig.** 아닙니다. 저는 미혼입니다.

sein 동사 + 형용사

sein 동사는 형용사와 함께 올 수 있습니다.

Ich bin müde. 나는 피곤하다.

Du bist nett. 너는 친절하구나.

Er ist reich. 그는 부유하다.

Wir sind gesund. 우리는 건강하다.

nicht 부정

'sein 동사 + 형용사'를 부정할 때는 nicht(영어의 not)를 사용합니다.

Ich bin müde. 나는 피곤하다. – **Ich bin nicht müde.** 나는 피곤하지 않다.

Ich bin nicht verheiratet. 저는 기혼이 아닙니다.

Wir sind nicht schwach. 우리는 약하지 않다.

 단어정리

verheiratet 기혼인 | **ledig** 미혼인 | **müde** 피곤한 | **nett** 친절한 | **reich** 부유한 | **gesund** 건강한 | **schwach** 약한

Lektion 4 Ich bin 20 Jahre alt. 나는 스무 살입니다. | 45

03

바스 진트 지 폰 베루-프
Was sind Sie von Beruf?

🎧 MP3 04_03

당신은 직업이 무엇입니까?

직업을 묻는 질문입니다.

Was bist du von Beruf? 너는 직업이 뭐니?

명사의 성

독일어의 명사는 남성, 여성, 중성 가운데 하나의 성을 갖고 있습니다.

명사의 성에 따라서 관사가 달라집니다.

정관사

명사를 공부할 때는 성을 알기 위해서 정관사를 붙여 함께 외우는 것이 좋습니다. 예를 들어 'der Mann 남자', 'die Frau 여자', 'das Buch 책'과 같은 식으로 관사를 붙여 암기하세요.

특정한 명사, 이미 알고 있는 명사 앞에 정관사를 붙여 사용합니다.

	m.	f.	n.	Pl.
정관사 (1격)	der 명사(남성)	die 명사(여성)	das 명사(중성)	die 명사(복수)

Was ist der Mann von Beruf? 그 남자는 직업이 무엇입니까?

Was ist die Frau von Beruf? 그 여자는 직업이 무엇입니까?

Wie alt ist das Kind? 그 아이는 몇 살입니까?

Wie alt sind die Kinder? 그 아이들은 몇 살입니까?

직업명 – 남성형 / 여성형

남성형	여성형	의미
der Angestellte	die Angestellte	회사원
der Arzt	die Ärztin	의사
der Bauer	die Bäuerin	농부
der Hausmann	die Hausfrau	가정주부
der Koch	die Köchin	요리사
der Lehrer	die Lehrerin	선생님
der Maler	die Malerin	화가
der Politiker	die Politikerin	정치가
der Polizist	die Polizistin	경찰
der Professor	die Professorin	교수
der Schauspieler	die Schauspielerin	배우
der Schüler	die Schülerin	초, 중, 고등학교 학생
der Student	die Studentin	대학생

Peter ist Student. 페터는 대학생입니다. (남자)

Maria ist Studentin. 마리아는 대학생입니다. (여자)

 단어정리

der Beruf 직업 | **der Mann** 남자, 남편 | **die Frau** 여자, 아내 | **das Kind, Kinder** 아이

04

MP3 04_04

바스   막흔   지   베루플리히
Was machen Sie beruflich?

(직업적으로) 무슨 일을 하십니까?

- 'Was machen Sie beruflich?'를 직역하면 '직업적으로 당신은 무슨 일을 하십니까?'라는 의미가 됩니다. 직업을 묻는 질문입니다.

- 주어가 달라지면 동사 machen이 주어에 맞게 어미 변화합니다.

동사 현재형 규칙 변화

독일어 동사는 machen, wohnen, kommen, studieren과 같이 부정형(독일어 문법에서는 원형을 '부정형'이라고 칭합니다.)이 –en으로 끝납니다. 이 '(–)en' 부분을 동사의 어미라고 하는데, 동사 어미는 현재형에서 주어의 인칭과 수에 따라 변화합니다.

ich –e	du –st	er/sie/es –t
wir –en	ihr –t	sie/Sie –en

machen(하다), studieren(전공하다, 대학 다니다) 현재형

	단수 주어		복수 주어 / 존칭 Sie
ich	mache / studiere	wir	machen / studieren
du	machst / studierst	ihr	macht / studiert
er/sie/es	macht / studiert	sie/Sie	machen / studieren

Was machst du beruflich? 너는 무슨 일을 하니? (너는 직업이 뭐니?)

Was macht Frau Schneider beruflich? 슈나이더 부인은 어떤 일을 하니?

– Sie ist Lehrerin. 그녀는 선생님이야.

Studieren Sie hier? 여기에서 대학 다니십니까?

– Ja, ich bin Student. 예, 저는 대학생입니다.

arbeiten(일하다) 현재형

동사 어간이 arbeiten처럼 -t로 끝나는 동사는 du, er, ihr에서 어미변화에 유의해야 합니다. (-t 로 끝나는 동사 외에, 어간이 -d, -fn, -chn, -ckn, -gn, -dm, -tm으로 끝나는 동사도 마찬 가지로 변화합니다.)

ich -e	du -est	er/sie/es -et
wir -en	ihr -et	sie/Sie -en

단수 주어		복수 주어 / 존칭 Sie	
ich	arbeite	wir	arbeiten
du	arbeitest	ihr	arbeitet
er/sie/es	arbeitet	sie/Sie	arbeiten

Arbeitest du bei Bosch? – Ja, ich arbeite bei Bosch.
너는 보쉬 회사에서 일하니? – 응, 보쉬에서 일하고 있어.

Was ist Herr Schneider von Beruf? – Er ist Ingenieur. Er arbeitet bei Siemens.
슈나이더 씨는 직업이 무엇입니까? – 그는 엔지니어입니다. 그는 지멘스 회사에서 일합니다.

Er arbeitet als Busfahrer. 그는 버스운전사로 일하고 있다. (als ～로서)

 단어정리

machen 하다 ｜ **beruflich** 직업상 ｜ **studieren** 전공하다, 대학 다니다 ｜ **arbeiten** 일하다 ｜ **die Lehrerin** (여자)선생님

🎧 MP3 04_05

A Guten Tag. Ich bin Daniel Weber.

B Tag. Ich heiße Marie Müller. Freut mich.

A Freut mich auch. Was machen Sie hier in Seoul?

B Ich studiere. Ich bin Studentin. Und Sie? Was sind Sie von Beruf?

A Ich bin Designer.

B Arbeiten Sie in Seoul?

A Nein. Ich arbeite in Düsseldorf.

해석

A 안녕하세요. 저는 다니엘 베버입니다.

B 안녕하세요. 저는 마리 뮐러입니다. 반갑습니다.

A 저 역시 반갑습니다. 여기 서울에서 무슨 일을 하십니까?

B 대학에 다닙니다. 저는 대학생입니다. 당신은요? 당신은 직업이 무엇입니까?

A 저는 디자이너입니다.

B 서울에서 일하시나요?

A 아닙니다. 저는 뒤셀도르프에서 일하고 있습니다.

01 Ich bin dreiundzwanzig Jahre alt.

나는 23세입니다.

① neunzehn 19

② siebenundzwanzig 27

③ einunddreißig 31

④ fünfundvierzig 45

⑤ sechsundfünfzig 56

⑥ neunundsechzig 69

02 Max ist Bauer.

막스는 농부입니다.

① Arzt 의사

② Koch 요리사

③ Lehrer 선생님

④ Polizist 경찰

⑤ Schauspieler 배우

🎧 MP3 04_08

03 **Frau Lehmann ist alt.**

레만 씨는 나이가 많습니다.

① **verheiratet** 기혼입니다

② **ledig** 미혼입니다

③ **reich** 부유합니다

④ **nett** 친절합니다

⑤ **gesund** 건강합니다

🎧 MP3 04_09

 04 **Ich bin nicht alt.**

나는 나이가 많지 않습니다.

① **müde** 피곤하지 않습니다

② **verheiratet** 기혼이 아닙니다

③ **reich** 부유하지 않습니다

④ **schwach** 약하지 않습니다

문·제·척·척

1 숫자를 독일어로 써 보세요.

1 5 _____ 2 7 _____

3 12 _____ 4 16 _____

5 17 _____ 6 26 _____

7 37 _____ 8 41 _____

9 52 _____ 10 63 _____

11 74 _____ 12 89 _____

2 주어진 동사를 알맞은 형태로 넣어 보세요.

1 (arbeiten) Herr Kim _____ bei Bosch.

2 (machen) Was _____ du beruflich?

3 (studieren) Mein Bruder _____ in München.

4 (sein) Was _____ die Frau von Beruf?

5 (arbeiten) Wo _____ Frau Lehmann?

6 (machen) Was _____ deine Schwester?

3 다음 질문에 대답하는 문장을 독일어로 써 보세요.

1 Ist Frau Lehmann alt?

– Ja, sie _____

2 Sind Sie verheiratet?

– Ja, _____

3 Bist du müde?

– Ja, _____

4 Ist Herr Lehmann reich?

– Ja, er _____

5 Seid ihr gesund?

– Ja, _____

4 다음 질문에 nicht를 사용해서 답하세요.

1 Ist Frau Lehmann alt?

– Nein, sie _____

2 Sind Sie verheiratet?

– Nein, _____

3 Bist du müde?

– Nein, _____

4 Ist Herr Lehmann reich?

– Nein, er _____

5 Seid ihr gesund?

Nein, _____

Was ist das?

그것은 무엇입니까?

문·법·콕·콕

01

MP3 05_01

바스 이스트 다스
Was ist das?

그것은 무엇입니까?

● 의문사 was (무엇?)으로 시작하는 의문문입니다. '의문사+동사+주어'의 어순입니다.

● **지시대명사 das**

지시대명사 **das**는 사람, 사물에 관계없이, 그리고 단수, 복수에 관계없이 **sein** 동사의 주어로 사용됩니다.

> **Was ist das?** 그것은 무엇입니까?
>
> **Wer ist das?** 그 사람은 누구입니까?

● **'Was ist das?'에 대한 대답**

sein 동사 뒤에 오는 단어가 단수일 때는 '**Das ist ~**(단수).'

> **Das ist ein Stuhl.** 그것은 의자입니다.
>
> **Das ist eine Vase.** 그것은 꽃병입니다.

sein 동사 뒤에 오는 단어가 복수일 때는 '**Das sind ~**(복수).'

> **Das sind Stühle.** 그것들은 의자입니다.
>
> **Das sind Lampen.** 그것들은 전등입니다.

 단어정리

der Stuhl, Stühle 의자 ┃ **die Vase** 꽃병 ┃ **die Lampe, Lampen** 전등

02

🎧
MP3 05_02

다스　이스트　아인　티쉬
Das ist ein Tisch.
그것은 탁자입니다.

부정관사

일정하지 않은 명사, 처음 나오는 명사 앞에는 부정관사를 붙여 씁니다.

	m.	f.	n.	Pl.
정관사 (1격)	der 명사(남성)	die 명사(여성)	das 명사(중성)	die 명사(복수)
부정관사 (1격)	ein 명사(남성)	eine 명사(여성)	ein 명사(중성)	( ) 명사(복수)

Das ist ein Tisch. 그것은 탁자입니다.

Das ist eine Lampe. 그것은 전등입니다.

Das ist ein Bett. 그것은 침대입니다.

〈참고〉 명사의 격

– 명사가 문장 안에서 어떤 역할을 하는가에 따라서 명사를 네 가지의 격으로 나누며, 편의상 1격(Nominativ), 2격
 (Genitiv), 3격(Dativ), 4격(Akkusativ)으로 부릅니다. 주격, 소유격, 여격, 목적격으로 부르기도 하는데 이런 구분은
 오해의 여지가 있기 때문에 1격, 2격, 3격, 4격으로 알아 두는 것이 좋습니다.

– 격에 따라 명사 앞에 붙는 관사에 변화가 있고, 명사에 변화가 있는 경우도 있습니다.

– 우선 1격 관사들을 외워야 합니다.

1격

– 주어는 항상 1격형으로 씁니다.

　Der Mann ist nett. 그 남자는 친절하다. (정관사 1격)

　Da steht ein Mann. 저기 한 남자가 서 있다. (부정관사 1격)

– sein 동사 뒤에 오는 명사는 1격형으로 씁니다.

　Das ist ein Teppich. 그것은 카펫입니다. (부정관사 1격)

 단어정리

der Tisch 탁자 ┃ **das Bett** 침대 ┃ **nett** 친절한 ┃ **stehen** 서 있다 ┃ **der Teppich** 카펫

Lektion 5 Was ist das? 그것은 무엇입니까? ┃ **59**

문·법·콕·콕

03

다스 이스트 카인 티쉬
Das ist kein Tisch.

🎧 MP3 05_03

그것은 탁자가 아닙니다.

의문사 없는 의문문

의문사 없는 의문문은 '동사+주어 ....?'의 어순으로 씁니다.

Ist das ein Tisch? 그것은 탁자입니까?

– Ja, das ist ein Tisch. 예, 그것은 탁자입니다.

Sind das Lampen? 그것들은 전등입니까?

– Ja, das sind Lampen. 예, 그것들은 전등입니다.

'ein/eine 명사'를 부정할 때는 **nicht**를 쓰지 않고 '**kein/keine** 명사'의 형태를 사용합니다. **kein**-은 부정관사처럼 어미 변화합니다.

	m.	f.	n.	Pl.
ein (1격)	ein 명사(남성)	eine 명사(여성)	ein 명사(중성)	( ) 명사(복수)
kein (1격)	kein 명사(남성)	keine 명사(여성)	kein 명사(중성)	keine 명사(복수)

Ist das ein Tisch? 그것은 탁자입니까?

- Nein, das ist kein Tisch. Das ist ein Stuhl. 아니요, 그것은 탁자가 아닙니다. 그것은 의자입니다.

Ist das ein Radio? 그것은 라디오입니까?

- Nein, das ist kein Radio. Das ist eine Uhr. 아니요, 그것은 라디오가 아닙니다. 그것은 시계입니다.

 단어정리

das Radio 라디오 | **die Uhr** 시계

04 Das sind Tische.

다스　진트　티쉐

MP3 05_04

그것들은 탁자입니다.

명사의 복수

복수명사는 정관사는 die를 붙여 쓰고, 일정하지 않은 것을 나타낼 때는 관사를 붙이지 않습니다.
부정관사 ein, eine는 단수에만 사용됩니다.

Das sind Uhren. Die Uhren sind neu. 그것들은 시계입니다. 그 시계들은 새것입니다.

단수 → 복수

복수형은 크게 다음 네 가지가 있고, 그 외에 불규칙변화형들도 있습니다. 명사를 암기할 때 사전에서 복수형을 확인하여 함께 외워 두어야 합니다.

① (¨)
단수와 복수가 같거나, 단수의 모음 a, o, u가 ä, ö, ü로 변화합니다.

der Computer – die Computer 컴퓨터 (ein Computer. zwei Computer)
der Apfel – die Äpfel 사과 (ein Apfel. fünf Äpfel)

② (¨) e
단수에 –e가 붙거나 단수의 모음 a, o, u가 ä, ö, ü로 변화하면서 –e가 붙습니다.

der Tisch – die Tische 탁자 (ein Tisch. drei Tische)
der Arzt – die Ärzte 의사 (ein Arzt. zwei Ärzte)

③ ¨ er
단수에 모음 a, o, u가 있으면 ä, ö, ü로 변화하면서 –er가 붙습니다.

das Bild – die Bilder 그림 (ein Bild. zwei Bilder)
das Buch – die Bücher 책 (ein Buch. zehn Bücher)

문·법·콕·콕

④ _(e)n

단수에 -n이나 -en이 붙습니다.

> die Kartoffel – die Kartoffeln 감자 (eine Kartoffel. drei Kartoffeln)
>
> die Übung – die Übungen 연습, 연습문제 (eine Übung. vier Übungen)

● 복수의 부정 – keine

일정치 않은 복수는 관사 없이 사용합니다. 관사 없는 복수형을 부정하는 경우에는 'keine 복수형'
을 사용합니다.

Sind das Steine? 그것들은 돌입니까?

– **Ja, das sind Steine.** 예. 그것들은 돌입니다.

– **Nein, das sind keine Steine. Das sind Mineralien.** 아니요. 돌이 아니라 광물입니다.

Das sind keine Lampen. 그것들은 전등이 아닙니다.

🥨 단어정리

der Stein, Steine 돌 ┃ das Mineral, Mineralien 광물

🎧 MP3 05_05

A Was ist das?

B Das ist ein Tisch.

A Ist der Tisch neu?

B Ja, er ist neu.

A Ist das ein Radio?

B Nein, das ist kein Radio. Das ist eine Uhr.

A Und was ist das? Sind das Orangen?

B Nein, das sind keine Orangen. Das sind Zitronen.

해석

A 그것은 무엇입니까?

B 그것은 탁자입니다.

A 그 탁자는 새것입니까?

B 네, 그것은 새것입니다.

A 그것은 라디오입니까?

B 아닙니다. 그것은 라디오가 아닙니다. 그것은 시계입니다.

A 그리고 저것은 무엇입니까? 그것들은 오렌지입니까?

B 아니요. 그것들은 오렌지가 아닙니다. 그것들은 레몬입니다.

패·턴·톡·톡

🎧 MP3 05_06

 01

Ist das ein Tisch?
그것은 탁자입니까?

① ein Radio 라디오

② ein Stuhl 의자

③ eine Uhr 시계

④ eine Vase 꽃병

🎧 MP3 05_07

 02

Das sind Tische.
그것은 탁자들입니다.

① Uhren 시계

② Lampen 전등

③ Orangen 오렌지

④ Zitronen 레몬

⑤ Kartoffeln 감자

Das ist kein Tisch.

그것은 탁자가 아닙니다.

① kein Radio 라디오

② kein Stuhl 의자

③ keine Uhr 시계

④ keine Vase 꽃병

MP3 05_09

Das sind keine Tische.

그것들은 탁자가 아닙니다.

① Uhren 시계

② Lampen 전등

③ Orangen 오렌지

④ Zitronen 레몬

⑤ Kartoffeln 감자

1 Was ist das? – sein 동사와 부정관사를 넣어 문장을 완성하세요.

1 Das _____ _____ Stuhl.(*m*)

2 Das _____ Stühle.

3 Das _____ _____ Bett.(*n.*)

4 Das _____ _____ Lampe.(*f.*)

5 Das _____ Lampen.

2 정관사 der, die, das를 넣어 보세요.

1 _____ Stuhl ist groß.

2 _____ Stühle sind groß.

3 _____ Bett ist alt.

4 _____ Lampe ist neu.

5 _____ Lampen sind neu.

3 kein, keine를 넣어 대화를 완성하세요.

1 Ist das ein Tisch?

   – Nein, das ist ＿＿＿＿＿＿＿＿ Tisch.

2 Ist das ein Bett?

   – Nein, das ist ＿＿＿＿＿＿＿＿ Bett.

3 Ist das eine Vase?

   – Nein, ＿＿＿＿＿＿＿＿＿＿＿＿＿＿ Vase.

4 Ist das ein Computer?

   – Nein, ＿＿＿＿＿＿＿＿＿＿＿＿ Computer.

5 Sind das Uhren?

   – Nein, das sind ＿＿＿＿＿＿＿＿＿＿＿ Uhren.

6 Sind das Orangen?

   – Nein, ＿＿＿＿＿＿＿＿＿＿＿＿＿ Orangen.

7 Sind das Kartoffeln?

   – Nein, ＿＿＿＿＿＿＿＿＿＿＿＿ Kartoffeln.

4 독일어로 문장을 만들어 보세요.

1 그것은 의자입니다. 그 의자는 새것입니다.

_____

2 그것은 의자들입니다. 그 의자들은 오래된 것입니다.

_____

3 그것들은 레몬이 아닙니다. 그것들은 감자입니다.

_____

Wer ist das?

그 사람은 누구입니까?

01

🎧 MP3 06_01

다스   이스트   마인   브루-더
Das ist mein Bruder.

그 사람은 내 형(오빠, 남동생)이야.

● 'Wer ist das?'는 '그 사람은 누구입니까?'라는 뜻입니다.

● 'Wer ist das?'에 대한 대답은 지시대명사 das를 주어로 하여 아래와 같이 대답합니다.

Das ist ~(단수).

　Das ist mein Bruder. 그 사람은 내 형이야.

Das sind ~(복수).

　Das sind meine Eltern. 그분들은 내 부모님이셔.

● 'mein(e) + 명사' 형태는 다음과 같습니다.

> mein + 남성/중성 명사　mein Sohn 내 아들　mein Onkel 내 삼촌　mein Buch 내 책
>
> meine + 여성/복수 명사　meine Tochter 내 딸　meine Eltern 내 부모님

● 가족관계와 관련된 단어를 알아봅시다.

> der Vater 아버지 – die Mutter 어머니 – die Eltern 부모님
>
> der Mann 남편 – die Frau 아내
>
> der Sohn 아들 – die Tochter 딸 – die Kinder 자녀
>
> der Bruder 형제 – die Schwester 자매 – die Geschwister 형제자매
>
> der Großvater 할아버지 – die Großmutter 할머니 – die Großeltern 조부모님
>
> der Onkel 삼촌, 큰아버지 – die Tante 이모, 고모, 숙모
>
> der Vetter (der Cousin) 사촌형제 – die Kusine (die Cousine) 사촌자매

 단어정리

wer 누가? (의문사)

02 | Das sind seine Eltern.

다스 진트 자이네 엘터른

MP3 06_02

그분들은 그의 부모님이셔.

소유관사

(ich) mein 나의	(du) dein 너의
(er/es) sein 그의, 그것의	(sie) ihr 그녀의
(wir) unser 우리의	(ihr) euer 너희의
(sie) ihr 그들의	(Sie) Ihr 당신의

소유관사의 어미변화

소유관사는 부정관사처럼 어미를 변화시킵니다. 예를 들어 남성 1격 부정관사가 ein이니 소유관사는 'mein, dein, sein…'이 됩니다. 복수는 부정관사가 없으므로 정관사 어미 –e를 붙여 'meine, deine, seine…'로 사용합니다.

	m.	f.	n.	Pl.
정관사 (1격)	der 명사(남성)	die 명사(여성)	das 명사(중성)	die 명사(복수)
부정관사 (1격)	ein 명사(남성)	eine 명사(여성)	ein 명사(중성)	(×) 명사(복수)
소유관사 (1격)	mein 명사(남성)	meine 명사(여성)	mein 명사(중성)	meine 명사(복수)

① mein(dein, sein, ihr, unser, euer, Ihr) + 남성/중성 명사

mein Sohn 내 아들	sein Kind 그의 아이
dein Vater 너의 아버지	unser Onkel 우리 삼촌
ihr Mann 그녀의 남편	Ihr Auto 당신의 자동차

② meine(deine, seine, ihre, unsere, eure, Ihre) + 여성/복수 명사

meine Tochter 내 딸	deine Mutter 네 어머니
seine Tante 그의 이모, 고모	unsere Kinder 우리 아이들
eure Eltern 너희 부모님	Ihre Großeltern 당신의 조부모님

→ euer(너희의)는 어미 −e가 붙을 때 euere가 아니라 eure로 쓰는 것에 유의해야 합니다.

euer Lehrer 너희 (남자)선생님 eure Lehrerin 너희 (여자)선생님

Das ist mein Lehrer. Und das ist seine Tochter.
저분이 내 선생님이셔. 그리고 그 사람은 그분의 딸이야.

Das ist meine Schwester. Und das ist ihr Freund.
그 사람은 내 언니야. 그리고 그 사람은 그녀의 남자친구야.

● und(그리고), aber(그러나), oder(또는) 뒤에 문장을 연결할 경우에는 주어와 동사의 위치를 바꾸지 않고 원래의 평서문대로 쓰면 됩니다.

03

_{이히   하-베   아이넨   브루-더}

Ich habe einen Bruder.

MP3 06_03

나는 남자 형제가 하나 있습니다.

명사의 4격

타동사의 목적어는 명사의 4격형을 써야 합니다. 예를 들어 'haben(+4격) ~을 가지고 있다', 'finden(+4격) ~을 발견하다'와 같이 암기해 둡니다.

4격 관사는 남성명사에서만 1격과 다르고, 여성, 중성, 복수는 1격과 4격의 형태가 동일합니다.

부정관사의 4격

	m.	f.	n.
부정관사 (1격)	ein 명사(남성)	eine 명사(여성)	ein 명사(중성)
부정관사 (4격)	einen 명사(남성)	eine 명사(여성)	ein 명사(중성)

haben(갖고 있다) 현재형 (불규칙변화)

단수 주어		복수 주어 / 존칭 Sie	
ich	habe	wir	haben
du	hast	ihr	habt
er/sie/es	hat	sie/Sie	haben

haben + 4격 (einen/eine/ein ~)

Ich habe einen Hund. 나는 개 한 마리를 갖고 있다. (남성 4격 einen)

Mein Freund hat eine Katze. 내 남자 친구는 고양이 한 마리를 갖고 있다. (여성 4격 eine)

Hast du ein Auto? 너 자동차 있니? (중성 4격 ein)

Haben Sie Geschwister? 형제자매가 있으십니까?

– **Ja, ich habe einen Bruder und eine Schwester.** 예, 남자 형제 하나, 여자 형제 하나가 있습니다.

 단어정리

der Hund, Hunde 개 | **das Auto** 자동차

04

🎧 MP3 06_04

Mein Onkel hat keine Kinder.

마인   옹켈   할   카이네   킨더

내 삼촌은 자녀가 없다.

kein의 4격

	m.	f.	n.	Pl.
1격	kein 명사(남성)	keine 명사(여성)	kein 명사(중성)	keine 명사(복수)
4격	keinen 명사(남성)	keine 명사(여성)	kein 명사(중성)	keine 명사(복수)

Ich habe keinen Bruder. 나는 남자 형제가 없어. (남성 4격)

Ich habe keine Idee. 나는 아이디어가 없어. (여성 4격)

Ich habe kein Fahrrad. 나는 자전거가 없어. (중성 4격)

관사 없는 복수형을 부정하는 경우에는 'keine 복수형'을 사용합니다.

Das sind keine Hunde. 그것은 개들이 아닙니다. (복수 1격)

Haben Sie Geschwister? 형제자매가 있으십니까?

– **Nein, ich habe keine Geschwister.** 아닙니다. 저는 형제자매가 없습니다. (복수 4격)

Hat dein Onkel Kinder? 네 삼촌은 자녀가 있니?

– **Nein, er hat keine Kinder.** 아니. 자녀가 없어. (복수 4격)

 단어정리

die Idee 생각, 아이디어 | **das Fahrrad** 자전거

회·화·술·술

MP3 06_05

A Ist das dein Familienfoto?

B Ja. Das sind meine Eltern.

A Hast du Geschwister?

B Ja, ich habe einen Bruder und eine Schwester.
Das hier ist mein Bruder und das ist meine Schwester.

A Ist deine Schwester schon verheiratet?

B Ja, das hier ist ihr Mann.

A Hat deine Schwester Kinder?

B Nein, sie hat keine Kinder.

해석

A 그거 네 가족사진이니?

B 응. 이분들이 부모님이셔.

A 너 형제자매 있니?

B 응. 오빠 하나 언니 하나 있어.
여기 이 사람이 오빠고 이 사람이 언니야.

A 네 언니는 벌써 결혼하셨니?

B 그래. 여기 이 사람이 언니 남편이야.

A 언니는 자녀가 있니?

B 아니. 애들은 없어.

패·턴·톡·톡

MP3 06_06

Das ist mein Vater.

그분이(그 사람이) 제 아버지입니다.

① Großvater 할아버지

② Mann 남편

③ Onkel 삼촌

④ Bruder 남자 형제

⑤ Sohn 아들

MP3 06_07

Das ist meine Mutter.

그분이 (그 사람이) 제 어머니입니다.

① Großmutter 할머니

② Frau 아내

③ Tante 이모(고모, 숙모)

④ Schwester 여자 형제

⑤ Tochter 딸

MP3 06_08

Haben Sie einen Hund?

당신은 개를 갖고 있습니까?

① Hast du 너는

② Habt ihr 너희는

③ Hat Max 막스는

④ Hat Frau Schneider 슈나이더 부인은

MP3 06_09

Ich habe einen Hund.

나는 개 한 마리를 갖고 있습니다.

① eine Katze 고양이 한 마리

② ein Fahrrad 자전거 하나

③ eine Frage 질문 하나

🎧 MP3 06_10

Ich habe keinen Computer.

나는 컴퓨터가 없어.

① keine Idee 아이디어

② kein Auto 자동차

③ keine Geschwister 형제자매

④ keine Schwester 여자 형제

⑤ keinen Bruder 남자 형제

문·제·척·척

1 소유관사 mein을 알맞은 형태로 넣어 보세요.

1 Das ist _____ Onkel.

2 Das ist _____ Tante.

3 Das ist _____ Großvater.

4 Das sind _____ Großeltern.

5 Das ist _____ Hund.

2 지시대명사 das를 주어로 문장을 만들어 보세요.

1 그분이 내 어머니이셔.

_____

2 그분들이 내 부모님이셔.

_____

3 그 사람이 페터(Peter)고 그분들은 그의 부모님이셔.

_____

4 그 사람이 페트라(Petra)이고 그 사람은 그녀의 남자 친구야.

_____

3 haben 동사를 알맞은 형태로 넣어 보세요.

1 _____ du ein Auto?

2 Ich _____ eine Idee.

3 Peter _____ einen Bruder.

4 Peter und Petra _____ zwei Kinder.

5 _____ ihr einen Hund?

6 _____ Sie ein Fahrrad?

4 다음 질문에 답하세요.

1 Hat Peter einen Hund?

– Nein, er _____ Hund.

2 Hast du eine Schwester?

– Nein, _____ Schwester.

3 Haben Sie Geschwister?

– Nein, _____ Geschwister.

4 Habt ihr Kinder?

– Nein, _____ Kinder.

5 Haben deine Eltern ein Auto?

– Nein, _____ Auto.

Ich wohne in Seoul.

나는 서울에 산다.

문·법·콕·콕

01

🎧 MP3 07_01

보 보-넨 지-
Wo wohnen Sie?

어디에 사십니까?

● 의문사 'wo? 어디?'를 사용하여 거주지를 묻는 의문문입니다.

● **wohnen(살다) 현재형**

단수 주어		복수 주어 / 존칭 Sie	
ich	wohne	wir	wohnen
du	wohnst	ihr	wohnt
er/sie/es	wohnt	sie/Sie	wohnen

Wo wohnst du jetzt? 너는 지금 어디에 사니?

Wo wohnen deine Eltern? 네 부모님은 어디에 사시니?

Wo wohnt Herr Lehmann? 레만 씨는 어디에 살고 있니?

● **전치사 in**

'~(어디)에 살다'라고 말할 때 도시 이름 앞에 전치사 in을 씁니다.

Ich wohne in Frankfurt. 나는 프랑크푸르트에 살고 있어.

Meine Eltern wohnen in Berlin. 부모님께서는 베를린에 살고 계셔.

● **의문사 없는 의문문**

의문사가 없는 의문문은 '동사+주어 …?'의 순서로 말합니다. 대답은 'ja/nein'으로 시작합니다.

Wohnen Sie in Seoul? 서울에 사십니까?

– Ja, ich wohne in Seoul. 예 서울에 삽니다.

Wohnst du jetzt in Frankfurt? 너 지금 프랑크푸르트에 살고 있니?

– Nein, ich wohne in Stuttgart. 아니, 슈투트가르트에 살아.

 단어정리

wohnen 거주하다, 살다 | **jetzt** 지금

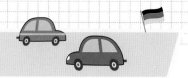

02

자이트　반　　본스트　두　히어
Seit wann wohnst du hier?

🎧
MP3 07_02

너는 언제부터 여기 살고 있니?

● **Wann? (언제) Seit wann? (언제부터)**

　Wann kommst du? 너 언제 오니?

　Seit wann bist du hier? 너 언제부터 여기에 있는 거니?

● **전치사 seit ～이래로**

seit einer Woche 1주 전부터	seit drei Wochen 3주 전부터
seit einem Monat 한 달 전부터	seit zwei Monaten 두 달 전부터
seit einem Jahr 1년 전부터	seit vier Jahren 4년 전부터

→ 전치사는 뒤에 오는 명사나 대명사의 격이 정해져 있어서 2격 지배 전치사, 3격 지배 전치사, 4격 지배 전치사, 3 · 4격 지배 전치사 네 가지로 나뉩니다.

→ seit는 3격 지배 전치사이기 때문에 관사 형태가 einer, einem으로 달라집니다.

　Seit einem Jahr wohne ich in Seoul. 나는 1년 전부터 서울에 살고 있다.

　Er arbeitet seit zehn Jahren bei Bosch. 그는 10년 전부터 '보쉬'사에서 일하고 있다.

● **평서문에서 주어와 동사의 도치**

평서문은 '주어+동사 ....'의 순서로 씁니다. 부사나 목적어, 전치사구를 강조하면서 문장의 처음에 쓰는 경우에는 그 뒤에 오는 주어와 동사의 순서가 바뀝니다.

　Er wohnt jetzt in Seoul. 그는 지금 서울에 살고 있다. → **Jetzt wohnt er in Seoul.**

　Es geht mir gut. 저는 잘 지냅니다. → **Mir geht es gut.**

 단어정리

wann 언제? (의문사) | seit ～이래로 | die Woche, Wochen 주 | der Monat, Monate 달(月) | das Jahr, Jahre 해, 년(年)

문·법·콕·콕

03 Woher kommst du?
보헤어   콤스트   두

🎧 MP3 07_03

너는 어디 출신이니?

wo(위치), woher(출신, 출처), wohin(방향)

Wo? 어디에? 어디에서? Wo bist du? 너 어디에 있니?

Woher? 어디로부터? Woher kommst du? (너는 어디로부터 오는 거니?) 너 어디 출신이니?

Wohin? 어디로? Wohin gehst du? 너 어디 가니?

kommen(오다) 현재형

단수 주어		복수 주어 / 존칭 Sie	
ich	komme	wir	kommen
du	kommst	ihr	kommt
er/sie/es	kommt	sie/Sie	kommen

전치사 aus ~로부터

출신을 이야기할 때 도시나 국가명 앞에 'aus'를 씁니다.

Ich komme aus Korea. 나는 한국 출신입니다.

Thomas kommt aus Deutschland. 토마스는 독일 출신입니다.

Woher kommen Sie? 어디 출신이십니까?
– Ich komme aus Wien. 저는 빈 출신입니다.

Woher kommt dein Vater, Max? 막스, 아버지는 어디 출신이시니?
– Er kommt aus Köln. 쾰른 출신이셔.

 단어정리

wo? 어디에? | woher? 어디로부터? | wohin? 어디로? | gehen 가다

04

🎧 MP3 07_04

콤멘　　지　아우스　코레아
Kommen Sie aus Korea?

한국 출신이십니까?

● aus로 출신을 나타냅니다.

Ich komme aus Korea. Ich bin Koreanerin. 나는 한국 출신입니다. 나는 한국인(여자)입니다.

Max kommt aus Deutschland. Er ist Deutscher. 막스는 독일 출신이다. 그는 독일인(남자)이다.

● ## 국가명 – 국민 (남성형/여성형)

Korea 한국	Koreaner / Koreanerin
(Südkorea 한국(남한)	Südkoreaner / Südkoreanerin)
Deutschland 독일	(ein) Deutscher (der Deutsche) / Deutsche
Österreich 오스트리아	Österreicher / Österreicherin
die Schweiz 스위스	Schweizer / Schweizerin
die Vereinigten Staaten (die USA) 미국	Amerikaner / Amerikanerin
China 중국	Chinese / Chinesin
Japan 일본	Japaner / Japanerin
England 영국	Engländer / Engländerin
Frankreich 프랑스	Franzose / Französin
Indien 인도	Inder / Inderin
Italien 이탈리아	Italiener / Italienerin
Spanien 스페인	Spanier / Spanierin
Asien 아시아	Asiat / Asiatin
Europa 유럽	Europäer / Europäerin

🎧 MP3 07_05

A Hallo, ich bin Paul.

B Hallo, ich bin Miran.

A Woher kommst du?

B Ich komme aus Korea. Und du? Bist du Deutscher?

A Ja, ich komme aus Hamburg.

B Kommt unser Professor auch aus Deutschland?

A Nein, er kommt aus Wien. Er ist Österreicher.
Wo wohnst du?

B Ich wohne hier in Berlin. Wohnst du auch in Berlin?

A Nein, ich wohne in Potsdam.

해석

A 안녕. 나는 파울이야.

B 안녕. 내 이름은 미란이야.

A 어디에서 왔니?

B 한국에서 왔어. 너는? 너는 독일 사람이니?

A 그래. 나는 함부르크 출신이야.

B 우리 교수님도 독일 출신이니?

A 아니야. 교수님은 빈 출신이셔. 오스트리아 사람이야.
너는 어디에 살고 있니?

B 여기 베를린에 살고 있어. 너도 베를린에 사니?

A 아니야. 나는 포츠담에 살고 있어.

🎧 MP3 07_06

01 > Ich wohne in Seoul.

나는 서울에 살고 있습니다.

① Paul wohnt 파울은

② Mein Bruder wohnt 내 오빠는

③ Frau Park wohnt 박 선생님은

④ Meine Großeltern wohnen 제 조부모님은

⑤ Paul und Marie wohnen 파울과 마리는

🎧 MP3 07_07

02 > Seit einem Jahr wohnt mein Bruder in Köln.

제 오빠는 1년 전부터 쾰른에 살고 있습니다.

① einer Woche 1주 전부터

② drei Wochen 3주 전부터

③ einem Monat 1달 전부터

④ vier Monaten 4달 전부터

⑤ drei Jahren 3년 전부터

🎧 MP3 07_08

03

Ich komme aus Korea.
저는 한국에서 왔습니다.

① Herr Kim kommt 김 선생님은

② Mein Freund kommt 내 남자 친구는

③ Die Kinder kommen 그 아이들은

🎧 MP3 07_09

04

Minki ist Koreaner.
민기는 한국인입니다.

① Miran	Koreanerin 미란은 한국인입니다
② Max	Deutscher 막스는 독일인입니다
③ Paula	Deutsche 파울라는 독일인입니다
④ Herr Wang	Chinese 왕 씨는 중국인입니다
⑤ Frau Sato	Japanerin 사토 씨는 일본인입니다

1 wohnen 또는 kommen 동사를 골라 주어에 맞게 넣어 보세요.

1 Woher _____ du?

2 Wo _____ Max?

3 Herr Kim _____ in Busan.

4 Unser Lehrer _____ aus Inchon.

5 Meine Großeltern _____ in Gwangju.

6 _____ ihr aus Hamburg?

2 독일어로 문장을 만들어 보세요.

1 막스(Max)는 독일인입니다.

_____

2 파울라(Paula)는 독일인입니다.

_____

3 사토 씨(Herr Sato)는 일본인입니다.

_____

4 왕 씨(Frau Wang)는 중국인입니다.

_____

5 우리 교수님(unser Professor)은 미국인입니다.

_____

문·제·척·척

3 다음 질문에 답해 보세요.

1 Wie heißen Sie?

_____

2 Woher kommen Sie?

_____

3 Wo wohnen Sie?

_____

4 Sind Sie Koreaner/Koreanerin?

_____

5 Woher kommen Ihre Eltern?

_____

Was kostet das?

그것은 얼마입니까?

문·법·콕·콕

01 | Was kostet das?

🎧
MP3 08_01

그것은 얼마입니까?

● kosten 값이 ~(얼마)이다

kosten은 주로 사물이 주어로 쓰이기 때문에 3인칭 단수와 복수에서의 동사 형태만 알아 두면 됩니다.

3인칭 단수 주어	kostet	3인칭 복수 주어	kosten

● 'Was kostet das?' 얼마입니까? = Wie viel kostet das? = Wie teuer ist das?

Wie teuer ist die Tasche? 그 가방은 얼마입니까?

Was kostet das Handy? 그 휴대폰은 얼마입니까?

Wie viel kostet die Sonnenbrille? 그 선글라스는 얼마입니까?

Wie viel kosten die Kartoffeln? 감자들은 얼마입니까?

● ein Kilo(gramm), zwei Kilo(gramm)

Wie viel kostet ein Kilo Kartoffeln?

Wie viel kosten zwei Kilo Kartoffeln?

→ 뒤에 오는 명사(여기에서는 **Kartoffeln**)과 관계없이 도량형이 단수, 복수를 결정합니다. 즉, 1킬로는 단수, 2킬로 이상은 복수 주어가 됩니다.

→ ein Kilo Kartoffeln은 단수 주어이기 때문에 동사가 **kostet**가 되고, zwei Kilo Kartoffeln은 복수 주어이기 때문에 동사가 **kosten**이 됩니다.

도량형 단위

> ein Meter. zwei Meter 미터
>
> ein Zentimeter. zwei Zentimeter 센티미터
>
> ein Gramm. zwei Gramm 그램
>
> ein Pfund. zwei Pfund 파운드 (1 Pfund = 500 Gramm)
>
> ein Liter. zwei Liter 리터

숫자 100~

세 자리 수는 '백의 자리+두 자리 수'로 읽습니다.

100 (ein)hundert	101 (ein)hunderteins	102 (ein)hundertzwei
111 (ein)hundertelf	128 (ein)hundertachtundzwanzig	
200 zweihundert	265 zweihundertfünfundsechzig	
300 dreihundert	412 vierhundertzwölf	
530 fünfhundertdreißig	678 sechshundertachtundsiebzig	
999 neunhundertneunundneunzig		
1000 tausend		
1,000,000 eine Million		
1,235 eintausendzweihundertfünfunddreißig		
2,018 zweitausendachtzehn		
3,678 dreitausendsechshundertachtundsiebzig		

 단어정리

kosten 값이 ~(얼마)이다 | wie viel? 얼마나 많이? | teuer 비싼 | die Tasche 가방 | das Handy 휴대폰 | die Sonnenbrille 선글라스 | die Kartoffel, Kartoffeln 감자

02

🎧 MP3 08_02

Ein Kilo Tomaten kostet zwei Euro zwanzig.

토마토 1킬로는 2유로 20센트입니다.

● **Euro, Cent**

> 1 Euro = 100 Cent 1유로 = 100센트
>
> 1,00 Euro: ein Euro 1유로
>
> -,50 Euro: fünfzig Cent 50센트
>
> 3,90 Euro: drei Euro neunzig 3유로 90센트
>
> 15,90 Euro: fünfzehn Euro neunzig 15유로 90센트
>
> 269,99 Euro: zweihundertneunundsechzig Euro neunundneunzig 269유로 99센트

Ein Kilo Orangen kostet zwei Euro. 오렌지 1킬로는 2유로 입니다.

Zwei Kilo Orangen kosten vier Euro. 오렌지 2킬로는 4유로 입니다.

→ 뒤에 오는 명사 Orangen과 관계없이 1킬로는 단수 주어이니 동사가 'kostet', 2킬로 이상은 복수 주어이니 동사가 'kosten'이 됩니다.

● **채소, 과일**

das Obst 과일	die Frucht. Früchte 과일, 열매
der Apfel. Äpfel 사과	die Wassermelone. _n 수박
die Melone. _n 메론	die Traube. _n 포도
die Birne. _n 배	der Pfirsich. _e 복숭아
die Erdbeere. _n 딸기	die Zitrone. _n 레몬
die Banane. _n 바나나	die Orange. _n / die Apfelsine. _n 오렌지
das Gemüse 야채	
die Gurke. _n 오이	die Kartoffel. _n 감자
die Tomate. _n 토마토	die Süßkartoffel. _n / die Batate. _n 고구마
die Zwiebel. _n 양파	der Pilz. _e 버섯
der Kohl. _e 양배추	die Karotte. _n / die Möhre. _n 당근

03 | Ich hätte gern Bananen.

🎧 MP3 08_03

저는 바나나를 사고 싶습니다.

● **Ich hätte gern + 4격 목적어**

'Ich hätte gern + 4격 목적어'는 다양하게 사용되는 표현입니다. haben 동사의 접속법2식 형태인 hätte에 부사 gern(=gerne)이 연결된 문장으로 '~을 갖고 싶다. ~이 있으면 좋겠다'라는 소망을 표현합니다. 상점에서 물건을 살 때나 식당에서 음식을 주문할 때 '~을 사고 싶다', '~을 주문하고 싶다'는 의미로 자주 사용됩니다.

비슷한 의미로 'Ich möchte + 4격 목적어'도 쓸 수 있습니다.

'무엇을 원하십니까?', '무엇을 드시겠습니까?'라는 질문 'Was möchten Sie?', 'Was hätten Sie gern?'에 대한 답으로 사용할 수 있으니, 문장 그대로 암기해 두는 것이 좋습니다.

● **möchte / hätte 동사 변화 (불규칙변화)**

단수 주어		복수 주어 / 존칭 Sie	
ich	möchte / hätte	wir	möchten / hätten
du	möchtest / hättest	ihr	möchtet / hättet
er/sie/es	möchte / hätte	sie/Sie	möchten / hätten

→ 'Ich hätte gern ~', 'Er hätte gern ~' 처럼 암기해 두는 것이 좋습니다.

Was hätten Sie gern? = Was möchten Sie? 무엇을 원하십니까? 무엇을 드릴까요? 무엇을 드시겠습니까?

Was brauchen Sie? 무엇이 필요하십니까?

Ich hätte gern ein Pfund Rindfleisch. = Ich möchte ein Pfund Rindfleisch.
쇠고기 1파운드(500그램) 사고 싶습니다.

Ich brauche Käse und Wurst. 치즈와 소시지가 필요합니다.

 단어정리

gern(e) 즐겨, 기꺼이 ┊ **das Rindfleisch** 쇠고기 ┊ **der Käse** 치즈 ┊ **die Wurst** 소시지

문·법·콕·콕

04 | Was macht das zusammen?

🎧 MP3 08_04

다 합해서 얼마입니까?

● 물건을 여러 개 산 뒤에 '다 합해서 얼마입니까?'라고 질문을 할 때는 kosten(값이 얼마이다)을 쓰지 않고 machen 동사를 사용해서 'Was macht das zusammen?'이라고 말합니다.

'다 합해서 ~(얼마)입니다'라고 말할 때도 machen 동사를 사용합니다.

Möchten Sie noch etwas? = Haben Sie noch einen Wunsch? 더 원하시는 것이 있습니까?

Nein, danke. Das ist alles. 아닙니다. 그것이 전부입니다.

Was macht das zusammen? 다 합해서 얼마인가요?

Das macht zwanzig Euro zehn. 합해서 20유로 10센트입니다.

● 상인이 거스름돈을 줄 때는 부사 zurück (되돌아, 뒤쪽으로)을 사용합니다.

Ein Euro neunzig zurück, bitte schön! 1유로 90센트 거스름돈 받으세요.

→ 이 문장은 'zurückbekommen(돌려받다)'을 줄여서 쓴 문장이라고 할 수 있습니다.

= **Sie bekommen ein Euro neunzig zurück.** 당신은 1유로 90센트를 돌려받습니다.

● Bitte! Bitte schön!

'Bitte!'는 영어의 'Please!'처럼 예의바른 표현에 쓰이며, 'Bitte schön!'은 영어의 'Please!', 또는 'Here you are!'와 비슷한 의미로 상황에 따라 여러 가지로 사용됩니다.

– 위의 문장에서처럼 상인이 거스름돈을 주면서 'Ein Euro zurück, bitte schön!'이라고 할 때는 '거스름돈 1유로 받으십시오! 여기 있습니다.'라는 의미입니다.

– 'Danke!' 또는 'Danke schön! 고맙습니다.'에 대한 답으로 'Bitte!', 'Bitte schön!'을 씁니다.

– 음식을 먹을 때 다른 사람에게 'Bitte schön!'이라고 하면 '자, 드십시오.'라는 의미입니다.

 단어정리

zusammen 함께 | **der Wunsch** 소망, 소원 | **zurück** 되돌아, 뒤쪽으로

회·화·술·술

🎧 MP3 08_05

A Guten Tag! Was möchten Sie?

B Guten Tag! Haben Sie Zitronen?

A Ja, natürlich.

B Dann drei Zitronen, bitte! Und was kosten die Bananen?

A Ein Kilo Bananen kostet ein Euro fünfzig.

B Ein Kilo, bitte!

A Möchten Sie sonst noch etwas?

B Wie viel kosten die Tomaten?

A Ein Kilo Tomaten kostet zwei Euro zehn.

B Ich hätte gern zwei Kilo Tomaten. Was macht das zusammen?

A Sechs Euro dreißig, bitte.

해석

A 안녕하세요. 뭘 드릴까요?

B 안녕하세요. 레몬 있나요?

A 네, 물론이지요.

B 그러면 레몬 세 개 주세요. 바나나는 얼마인가요?

A 바나나 1킬로에 1유로 50센트입니다.

B 1킬로 주세요.

A 더 원하시는 것 있나요?

B 토마토는 얼마지요?

A 토마토 1킬로에 2유로 10센트입니다.

B 토마토 2킬로 주세요. 다 합해서 얼마인가요?

A 6유로 30센트입니다.

🎧 MP3 08_06

Wie viel kostet das Brot?

그 빵은 얼마입니까?

① kosten die Kartoffeln 감자들은

② kostet ein Kilo Orangen 오렌지 1킬로는

③ kosten zwei Pfund Kaffee 커피 2파운드는

④ kostet eine Tasse Kaffee 커피 한 잔은

🎧 MP3 08_07

Wie teuer ist die Tasche?

그 가방은 얼마입니까?

① ist der Mantel 그 외투는

② ist das Hemd 그 셔츠는

③ sind die Schuhe 그 구두는

④ sind die Bananen 그 바나나는

🎧 MP3 08_08

 03

Das kostet ein Euro zehn.

그것은 1유로 10센트입니다.

① **dreizehn Euro fünfzig** 13유로 50

② **hundertsiebzig Euro** 170유로

③ **neunzig Cent** 90센트

④ **fünfundzwanzig Euro** 25유로

🎧 MP3 08_09

 04

Ich hätte gern ein Kilo Rindfleisch.

쇠고기 1킬로 사고 싶습니다.

① **möchte** 사고 싶습니다

② **brauche** 필요합니다

1 독일어로 써 보세요.

1 1,30 Euro _____

2 -,70 Euro _____

3 5,60 Euro _____

4 17,20 Euro _____

5 216,89 Euro _____

6 751,40 Euro _____

2 kosten 동사를 주어에 맞게 넣어 보세요.

1 Ein Kilo Äpfel _____ 2 Euro.

2 Zwei Kilo Orangen _____ 3,30 Euro.

3 Das Buch _____ 17,20 Euro.

4 Wie viel _____ die Schuhe?

5 Was _____ der Mantel?

3 독일어로 문장을 만들어 보세요.

1 토마토 있나요? (갖고 계신가요?)

_____

2 저는 바나나 2킬로 사고 싶습니다.

_____

3 저는 쇠고기 500그램이 필요합니다.

_____

4 더 원하시는 것이 있습니까?

_____

5 아닙니다. 그것이 전부입니다.

_____

6 다 합해서 얼마입니까?

_____

Das gefällt mir.

그것이 제 마음에 듭니다.

문·법·콕·콕

01 Wo findet man Taschen?

MP3 09_01

가방들을 어디에서 찾을 수 있습니까?

● 백화점에서 상품의 위치를 물을 때 'Wo findet man ~(4격)?' (~을 어디에서 찾습니까?), 'Wo finde ich ~?'라고 묻습니다.

● **finden 발견하다**

단수 주어		복수 주어 / 존칭 Sie	
ich	finde	wir	finden
du	findest	ihr	findet
er/sie/es	findet	sie/Sie	finden

● **부정대명사 man**

– man은 특정한 사람이 아니라 불특정의 '사람들'을 의미합니다.

– 문법적으로는 3인칭 단수로 취급하고, 우리말로 해석할 때는 주어를 생략할 수 있습니다.

Wo findet man Taschen? 가방들을 어디에서 찾습니까? (찾을 수 있나요?)

In England trinkt man gern Tee. 영국에서는 (사람들이) 차를 즐겨 마신다.

● **es gibt ~(4격) ~이 있다**

상품의 위치를 물을 때 'Wo gibt es ~(4격)?'(~이 어디에 있습니까?)로 질문할 수도 있습니다.

'es gibt ~(4격)' (~이 있다)는 비인칭 주어 es에 동사 gibt(geben의 3인칭 단수 형태)가 연결된 형태인데 관용적 표현으로 암기해야 합니다.

geben (주다) 현재형 (불규칙변화)

단수 주어		복수 주어 / 존칭 Sie	
ich	gebe	wir	geben
du	gibst	ihr	gebt
er/sie/es	gibt	sie/Sie	geben

불규칙변화 동사는 현재형에서 어간의 모음에도 변화가 있습니다. 어간의 자음이 변화하는 동사도 있습니다. 대부분 단수 2인칭과 3인칭에서만 불규칙 변화하며, 불규칙변화 형태를 그대로 암기해 두는 것이 좋습니다.

불규칙변화 동사는 크게 세 가지로, 단수2인칭(du)과 단수3인칭(er/sie/es)에서 ① 어간의 모음 a 가 ä로 변화하는 경우, ② 어간의 모음 e가 i로 변화하는 경우, ③ 어간의 모음 e가 ie로 변화하는 경우로 구분됩니다. 위의 동사 geben은 이 중 두 번째의 경우에 해당됩니다.

 단어정리

finden 발견하다, 찾다 | **die Tasche, Taschen** 가방, 백 | **der Tee** 차

02

🎧
MP3 09_02

Man kann die Jacken im zweiten Stock finden.

재킷들을 3층에서 찾을 수 있습니다.

조동사 können 현재형

단수 주어		복수 주어 / 존칭 Sie	
ich	kann … Inf.	wir	können … Inf.
du	kannst … Inf.	ihr	könnt … Inf.
er/sie/es	kann … Inf.	sie/Sie	können … Inf.

조동사 + … Inf.

조동사와 본동사가 함께 쓰일 때 본동사는 부정형 형태로 문장의 끝에 위치합니다.

　Man kann die Jacken im zweiten Stock finden. 재킷들은 3층에서 찾을 수 있습니다.

→ 조동사 **können**이 주어에 따라 현재형으로 쓰이고 본동사 **finden**은 부정형 형태로 문장 끝에
　위치합니다.

können의 용법

können은 능력이나 가능성을 표현하며 '~할 수 있다'로 해석합니다.

　Max kann gut singen. 막스는 노래를 잘할 수 있다.

　Kannst du Deutsch sprechen? 너 독일어 할 수 있니?

　Könnt ihr gut tanzen? 너희들 춤을 잘 출 수 있니?

　Können Sie Gitarre spielen? 당신은 기타 연주할 수 있습니까?

　Ich kann heute dich besuchen. 오늘 너를 방문할 수 있어.

건물의 층

우리 식의 1층은 Erdgeschoss라고 하고, Stock은 1층의 위층이 첫 번째 Stock이 됩니다. 즉, 독일어로 '첫 번째 Stock에'라고 할 때 우리 식으로 해석하면 '1층에'가 아니라 '2층에'라는 의미가 되는 것입니다. 층을 나타낼 때는 'erst, zweit, dritt'처럼 서수를 사용하는데 서수는 다른 장에서 설명하기로 하고, 여기에서는 아래 표현들만 알아 두면 됩니다.

> im Untergeschoss 지하층에
>
> im Erdgeschoss 1층에
>
> im ersten Stock (= in der ersten Etage) 2층에
>
> im zweiten Stock (= in der zweiten Etage) 3층에
>
> im dritten Stock (= in der dritten Etage) 4층에

 단어정리

singen 노래하다 | sprechen 말하다 | tanzen 춤추다 | heute 오늘 | besuchen 방문하다 | Deutsch 독일어 |
der Stock 층 | die Etage 층 | die Jacke, Jacken 재킷

03

🎧
MP3 09_03

Nehmen Sie das Kleid?
- Ja, ich nehme es.

그 원피스를 선택하십니까? – 네, 그것으로 하겠습니다.

nehmen (받다) 현재형 (불규칙변화)

단수 주어		복수 주어 / 존칭 Sie	
ich	nehme	wir	nehmen
du	nimmst	ihr	nehmt
er/sie/es	nimmt	sie/Sie	nehmen

nehmen + 4격

'nehmen'(받다)은 목적어에 따라 다양한 의미로 해석됩니다. 물건을 고르다가 'Ich nehme ~(4격)'
이라고 말하면 '그것을 선택하겠다, 그것으로 하겠다'라는 의미입니다.

음식을 주문할 때도 nehmen을 쓸 수 있습니다.

Ich nehme ein Schnitzel. 저는 슈니첼로 하겠습니다.

정관사 4격

타동사의 목적어는 4격형을 써야 합니다. 부정관사와 마찬가지로 정관사도 남성명사에서만 1격과
4격이 다르고, 여성, 중성, 복수는 1격과 4격의 형태가 동일합니다.

	m.	f.	n.	Pl.
정관사 (1격)	der 명사(남성)	die 명사(여성)	das 명사(중성)	die 명사(복수)
정관사 (4격)	den 명사(남성)	die 명사(여성)	das 명사(중성)	die 명사(복수)

Nehmen Sie den Hut? 그 모자로 하시겠습니까?

→ Hut가 남성명사이고 nehmen의 목적어로 쓰였기 때문에 남성 4격 den을 붙입니다.

Nehmen Sie die Bluse? 그 블라우스로 하시겠습니까?

Nehmen Sie das Kleid? 그 원피스로 하시겠습니까?

인칭대명사 4격

명사와 마찬가지로 인칭대명사도 문장 안에서의 역할에 따라 네 가지의 격이 있습니다. 문장에서 대명사를 격에 맞게 사용하기 위해서 인칭대명사의 격 형태를 암기해야 합니다.

단수		복수 / 존칭Sie	
1격	4격	1격	4격
ich	mich	wir	uns
du	dich	ihr	euch
er	ihn		
es	es	sie	sie
sie	sie		
		Sie	Sie

Ich liebe dich. 너를 사랑해.

→ 'lieben'(사랑하다)이 4격 목적어를 필요로 하는 타동사이기 때문에 **du**의 4격형 **dich**가 목적어가 됩니다.

Liebst du Max? 막스를 사랑하니? – **Ja, ich liebe ihn.** (남성4격 ihn) 응. 그를 사랑해.

바로 앞에 나왔던 명사가 다음에 반복될 때는 일반적으로 명사를 그대로 사용하지 않고 인칭대명사로 대신합니다. 예를 들어 질문에서 사용된 명사를 대답에서는 인칭대명사로 받아야 합니다.

Nehmen Sie das Kleid? 그 원피스를 선택하십니까? – **Ja, ich nehme es.** 예. 그것으로 하겠습니다

→ nehmen의 목적어이니 4격이 와야 하고 중성 **das Kleid**를 대신하기 때문에 중성 4격 **es**가 목적어가 됩니다.

Nehmen Sie den Schal? 그 숄을 선택하십니까? – **Ja, ich nehme ihn.** 네, 그것으로 하겠습니다.

→ nehmen의 4격 목적어로 **den Schal**을 받기 때문에 남성4격형 **ihn**이 옵니다.

Die Hose ist toll. Ich nehme sie. 그 바지가 멋지네요. 그것으로 선택하겠습니다.

→ nehmen의 4격 목적어로 **die Hose**를 받기 때문에 여성 4격형 **sie**가 옵니다.

 단어정리

nehmen 받다, 타다 | das Kleid 원피스 | der Hut 모자 | die Bluse 블라우스 | lieben 사랑하다 | der Schal 숄 | die Hose 바지

문·법·콕·콕

04 | Das gefällt mir.

그것이 내 마음에 듭니다.

🎧 MP3 09_04

gefallen+3격 (〜의 마음에 들다) 현재형 (불규칙변화)

단수 주어		복수 주어 / 존칭 Sie	
ich	gefalle	wir	gefallen
du	gefällst	ihr	gefallt
er/sie/es	gefällt	sie/Sie	gefallen

어떤 사람이나 물건이 마음에 든다는 표현을 쓸 때 **gefallen**을 사용합니다. 특히 3인칭 단수와 복수 형태를 잘 암기해 두어야 합니다. '무엇이 (또는 어떤 사람이) 내 마음에 든다'고 표현할 때 무엇 (또는 사람)이 주어(1격)가 되고 '나'는 3격으로 써야 합니다.

Das gefällt mir. 그것이 내 마음에 듭니다. (ich의 3격형 mir)

Die Schuhe gefallen mir. 구두가 내 마음에 듭니다.

Das Auto gefällt uns. 그 자동차가 우리 마음에 듭니다. (wir의 3격형 uns)

인칭대명사 3격

단수			복수 / 존칭 Sie		
1격	3격	4격	1격	3격	4격
ich	mir	mich	wir	uns	uns
du	dir	dich	ihr	euch	euch
er	ihm	ihn			
es	ihm	es	sie	ihnen	sie
sie	ihr	sie			
			Sie	Ihnen	Sie

Gefällt der Mantel deinem Vater? 외투가 아버지 마음에 드니?

– **Ja, der gefällt ihm.** 그래. 그것이 그(아버지)의 마음에 들어.

Gefällt Ihnen der Hut? 모자가 당신 마음에 듭니까? (존칭Sie의 3격형 Ihnen)

Gefällt dir die Tasche? 그 가방이 네 마음에 드니?

→ 위의 두 문장에서 3격인 Ihnen과 dir가 주어보다 앞에 위치해 있습니다.

인칭대명사와 보통명사가 바로 이어져 쓰일 때는 격에 상관없이 인칭대명사가 앞에 옵니다.

3격 지배 동사

동사 중에는 **gefallen**처럼 3격형의 목적어를 필요로 하는 '3격 지배 동사'가 있습니다. 이런 동사의 목적어는 명사도 대명사도 3격형으로 써야 합니다. 많이 사용되는 '3격 지배 동사'를 암기해 두어야 합니다.

helfen 돕다	**danken** 감사하다	**gefallen** ~의 마음에 들다
gehören ~의 것이다	**gratulieren** 축하하다	**antworten** 대답하다
es geht ~(3격) gut ~가 잘 지내다		

Ich helfe dir. 내가 너를 도울게.

Wie geht es Ihnen? 어떻게 지내십니까?

Es geht mir gut. 나는 잘 지냅니다.

Ich danke euch. 너희들에게 감사해.

 단어정리

der Schuh, Schuhe 구두, 신발

MP3 09_05

A   Guten Tag. Ich suche einen Mantel. Wo finde ich Mäntel?

B   Hier haben wir viele Damenmäntel.

A   Oh, danke. Haben Sie einen Mantel in Grau?

B   Ja. Da gibt es Mäntel in Grau. Wie gefällt Ihnen dieser Mantel?

A   Der gefällt mir nicht. Der ist zu lang.
     Aber der Mantel in Rot hier ist schön. Kann ich den Mantel mal anprobieren?

B   Ja, natürlich. Gefällt Ihnen der Mantel?

A   Ja, der gefällt mir. Ich nehme ihn. Und wo findet man Schuhe?

B   Die findet man im ersten Stock.

해석

A   안녕하세요. 외투를 찾고 있습니다. 외투들을 어디에서 찾을 수 있을까요?

B   여기 여성용 외투가 많이 있습니다.

A   아, 감사합니다. 회색 외투 있나요?

B   네. 저기 회색 외투들이 있습니다. 이 외투는 어떠신가요?

A   그것은 마음에 들지 않습니다. 그것은 너무 길군요.
     그런데 여기 빨간색 외투가 예쁘네요. 그것을 입어 봐도 될까요?

B   네. 물론입니다. 그것이 마음에 드시나요?

A   네. 이것이 마음에 드네요. 그것으로 하겠습니다.
     구두들은 어디에서 찾을 수 있나요?

B   구두는 2층에서 찾을 수 있습니다.

MP3 09_06

패·턴·톡·톡

01

Wo findet man Schuhe?

구두는 어디에서 찾나요? (찾을 수 있나요?)

① Jacken 재킷들은

② Mäntel 외투들은

③ Hosen 바지들은

④ Taschen 가방들은

MP3 09_07

02

Nehmen Sie das Kleid?

그 원피스를 선택하시겠습니까?

① den Hut 모자를

② die Schuhe 구두를

③ die Jacke 재킷을

④ den Pullover 스웨터를

⑤ das Hemd 셔츠를

🎧 MP3 09_08

03 **Der Mantel gefällt mir.**

외투가 내 마음에 듭니다.

① ihm 그의 마음에

② ihr 그녀 마음에

③ uns 우리 마음에

④ ihnen 그들 마음에

🎧 MP3 09_09

04 **Der Mantel gefällt mir. Ich nehme ihn.**

외투가 제 마음에 듭니다. 그것으로 하겠습니다.

① Der Anzug   ihn 양복이

② Die Hose   sie 바지가

③ Das Hemd   es 셔츠가

④ Der Pullover   ihn 스웨터가

⑤ Die Bluse   sie 블라우스가

⑥ Das Kleid   es 원피스가

1 finden과 geben 중 하나를 골라 알맞은 형태로 넣어 보세요.

1 Wo _____ man Schuhe?

2 Wo _____ es Jacken?

3 Wo _____ ich Taschen?

4 Im Erdgeschoss _____ Sie Taschen.

5 Im ersten Stock _____ es Damenmäntel.

2 조동사 können을 주어에 맞게 넣어 보세요.

1 Max _____ gut schwimmen.

2 _____ du Deutsch sprechen?

3 _____ ich die Jacke anprobieren?

4 _____ Sie Deutsch sprechen?

5 Frau Schmitt _____ gut schwimmen.

6 _____ ihr Deutsch sprechen?

3 gefallen과 nehmen 중 하나를 골라 알맞은 형태로 넣어 보세요.

1 Wie _____ dir die Jacke?

2 Die Schuhe _____ mir.

3 Ich _____ die Schuhe.

4 Die Tasche _____ ihm.

5 Max _____ den Pullover.

6 _____ du das Hemd?

4 보기에서 골라 넣어 보세요.

> 보기
>
> ihn   ihn   sie   sie   es   mir   dir   Ihnen

1 Das Hemd gefällt Max. Er nimmt _____.

2 Der Mantel gefällt Frau Kim. Sie nimmt _____.

3 Die Jacke gefällt _____. Ich nehme _____.

4 Gefallen _____ die Schuhe, Max? Nimmst du _____?

5 Gefällt _____ der Hut, Herr Kim? Nehmen Sie _____?

5 독일어로 문장을 만들어 보세요.

1 너를 사랑해.

_____

2 그 셔츠가 내 마음에 든다. (das Hemd 셔츠)

_____

3 1층에 가방들이 있습니다. (im Erdgeschoss 1층에)

_____

4 당신은 가방들을 1층에서 찾을 수 있습니다.

_____

5 너 독일어 할 수 있니? (Deutsch 독일어 sprechen 말하다)

_____

6 제가 그 외투를 입어볼 수 있을까요? (anprobieren 입어 보다)

_____

Ich kaufe einen kleinen Tisch.

나는 작은 탁자를 산다.

문·법·콕·콕

01 Der kleine Koffer gehört mir.

🎧 MP3 10_01

그 작은 트렁크가 내 것이야.

---

gehören

단수 주어	gehört	복수 주어	gehören

gehören(누구의 소유이다)은 3격 지배 동사입니다.

Das Haus gehört mir. 그 집은 나의 소유이다. (나의 것이다.)

Der Hund gehört uns. 그 개는 우리 것입니다.

Gehört dir das Handy? 그 휴대폰 네 것이니?

der/die/das + 형용사 변화 1격

명사 앞에 위치하여 명사를 수식하는 역할을 하는 형용사는 명사의 성, 수, 격에 따라 어미가 변화합니다. 형용사 어미변화는 명사를 수식하는 형용사 앞에 관사가 있는지 없는지, 그리고 어떤 관사류가 있는지에 따라서 강변화, 약변화, 혼합변화 세 가지로 구분됩니다.

'정관사+형용사+명사'의 경우의 1격은 아래와 같이 형용사 어미가 변화합니다.

	m.	f.	n.	Pl.
	der -e 명사(남성)	die -e 명사(여성)	das -e 명사(중성)	die -en 명사(복수)
1격	der alte Mann 그 나이든 남자	die alte Frau 그 나이든 여자	das große Haus 그 큰 집	die großen Städte 그 큰 도시들

Der kleine Koffer gehört mir. 그 작은 짐 가방이 내 것이야.

→ 형용사 klein(작은)이 수식하는 Koffer가 남성이고 이 문장에서 주어로 쓰였기 때문에 남성 1격형으로 der kleine Koffer가 되는 것입니다.

Wem gehört das weiße Auto? 그 흰색 자동차가 누구 것이니?

– **Es gehört mir.** 내 차야.

→ 의문문에서 **das weiße Auto**가 문장의 주어이고 **Wem**은 **Wer**(누구?)의 3격형입니다. 3격 지배 동사인 **gehören**의 목적어이니 의문사 **wer**도 3격형으로 써야 합니다.

Gehört die schwarze Tasche Max? 그 검은색 가방이 막스 것입니까?

– **Ja, sie gehört ihm.** 네, 그것이 그의 것입니다.

Gehören die roten Handschuhe Anna? 그 빨간 장갑이 안나 것입니까?

– **Ja, sie gehören ihr.** 네, 그것이 그녀의 것입니다.

 단어정리

gehören ~(누구)의 소유이다. ~의 것이다 | das Haus 집 | groß 큰 | klein 작은 | die Stadt. Städte 도시 | der Koffer 짐 가방, 여행용 가방 | weiß 흰색의 | schwarz 검은색의 | rot 빨간색의 | das Auto 자동차 | die Tasche 가방 | die Handschuhe(Pl.) 장갑

02 Da steht ein großer Tisch.

🎧 MP3 10_02

저기 큰 탁자가 있다.

ein + 형용사 변화 1격

'부정관사+형용사+명사'의 경우 1격은 아래와 같이 형용사 어미가 변화합니다.

	m.	f.	n.
1격	ein -er 명사(남성)	eine -e 명사(여성)	ein -es 명사(중성)
	ein kleiner Koffer	eine kleine Tasche	ein kleines Kind

Da steht ein großer Tisch. 저기 큰 탁자 하나가 (서) 있다.

부사 **da**(거기, 저기)가 문장 처음에 쓰여 주어와 동사가 도치된 문장입니다.

형용사 **groß**(큰)가 수식하는 Tisch가 남성 명사이고 주어이니 남성 1격형으로 **ein großer Tisch**가 됩니다.

Da liegt eine kleine Tasche. 저기 작은 가방 하나가 놓여 있다.

Da sitzt ein kleines Kind. 저기 어떤 어린 아이가 앉아 있다.

소유관사 + 형용사 변화 1격

	m.	f.	n.	Pl.
ein (1격)	ein -er 명사	eine -e 명사	ein -es 명사	( ) -e 명사
소유관사 (1격)	mein -er 명사	meine -e 명사	mein -es 명사	meine -en 명사

명사 앞에 소유관사 (**mein/dein/sein/ihr/unser/euer/Ihr**)와 **kein**이 있을 때 형용사 변화는 부정관사가 있을 때의 형용사 변화를 따릅니다.

Das ist mein neues Fahrrad. 저것이 내 새 자전거야.

Deine neue Jacke ist schön. 너의 새 재킷이 멋지다.

복수는 부정관사는 붙일 수 없으므로 일정치 않은 복수를 나타낼 때는 관사 없이 씁니다.

그때 형용사 1격 어미변화는 '–e'를 붙입니다. (kleine Kinder 어린 아이들)

복수 앞에 소유관사나 keine가 있을 때 형용사 1격 변화는 '–en'을 붙입니다.

Das sind meine alten Freunde. 그 사람들이 내 오랜 친구들이야.

Sind das deine neuen Schuhe? 그것이 네 새 구두니?

🥨 단어정리

stehen 서 있다 ｜ **liegen** 놓여 있다, 누워 있다 ｜ **sitzen** 앉아 있다 ｜ **das Fahrrad** 자전거 ｜ **schön** 아름다운, 멋진 ｜
der Freund, Freunde 친구

문·법·콕·콕

03

🎧 MP3 10_03

Ich brauche einen großen Tisch.

나는 큰 탁자 하나가 필요해.

● **ein + 형용사 변화 4격**

	m.	f.	n.
1격	ein –er 명사(남성)	eine –e 명사(여성)	ein –es 명사(중성)
4격	einen –en 명사	eine –e 명사	ein –es 명사

남성명사만 4격이 달라지고 여성과 중성은 1격과 4격이 항상 같습니다.

Da steht ein runder Tisch. 저기 둥근 탁자가 있다. (1격)

Ich brauche einen runden Tisch. 나는 둥근 탁자가 필요하다. (4격)

Da steht eine kleine Lampe. 저기 작은 램프가 있다. (1격)

Ich kaufe eine kleine Lampe. 나는 작은 램프 하나를 산다. (4격)

Da steht ein weißes Regal. 저기 흰색 책꽂이가 있다. (1격)

Ich kaufe ein weißes Regal. 나는 흰색 책꽂이를 산다. (4격)

● **kein/mein + 형용사 변화 4격**

	m.	f.	n.	Pl.
ein (4격)	einen –en 명사	eine –e 명사	ein –es 명사	( ) –e 명사
소유관사/ kein (4격)	meinen –en 명사	meine –e 명사	mein –es 명사	meine –en 명사
	keinen –en 명사	keine –e 명사	kein –es 명사	keine –en 명사

1격과 마찬가지로 4격도 명사 앞에 소유관사 (mein/dein/sein/ihr/unser/euer/Ihr)와 kein이 있을 때 형용사 변화는 부정관사가 있을 때의 형용사 변화를 따릅니다.

(복수의 경우는 앞쪽 1격 설명을 참조하세요.)

Ich kaufe kein weißes Regal. 나는 흰색 책꽂이를 사지 않는다.

Ich brauche keinen großen Tisch. 나는 큰 탁자가 필요치 않다.

Ich zeige dir meinen neuen Tisch. 내가 너에게 내 새 탁자를 보여줄게.

Er besucht heute seine alten Freunede. 그는 오늘 그의 옛 친구들을 방문한다.

 단어정리

rund 둥근 | das Regal 책꽂이, 선반 | brauchen (+4격) ~을 필요로 하다 | kaufen (+4격) ~을 사다 | zeigen 보여주다 | besuchen 방문하다

04 Den möchte ich kaufen.

🎧 MP3 10_04

그것을 사고 싶어.

möchte + ... 동사부정형(Inf.)

möchte와 동사가 함께 오면 möchte는 소망이나 의도를 나타내는 조동사로서 '~하고 싶다'는 의미를 나타냅니다.

하나의 문장 안에 조동사와 본동사가 함께 올 때 본동사는 부정형 형태(Inf.)로 문장의 끝에 위치합니다.

단수 주어		복수 주어 / 존칭 Sie	
ich	möchte ... Inf.	wir	möchten ... Inf.
du	möchtest ... Inf.	ihr	möchtet ... Inf.
er/sie/es	möchte ... Inf.	sie/Sie	möchten ... Inf.

Ich möchte dich besuchen. 나는 너를 방문하고 싶다.

Ich möchte ein Glas Bier trinken. 나는 맥주 한 잔 마시고 싶다.

Möchten Sie etwas essen? 무엇을 좀 드시고 싶습니까?

Möchtest du etwas trinken? 뭐 좀 마시고 싶니?

지시대명사 der, den, die, das

바로 앞에 있는 명사를 반복하지 않기 위해서 명사를 생략하고 관사만 남은 형태로 지시대명사 역할을 하는 것입니다. 보통 강조의 의미로 문장 처음에 위치합니다.

1격과 4격은 정관사와 같은 형태로 씁니다.

Der braune Tisch gefällt mir. Den möchte ich kaufen.
그 갈색 탁자가 마음에 든다. 나는 그것을 사고 싶다.

→ 여기에서 **den**은 **den Tisch** 대신에 사용된 지시대명사입니다.

지시대명사 der/die/das	m.	f.	n.	Pl.
1격	der	die	das	die
4격	den	die	das	die

Da steht ein schöner Tisch. Den möchte ich kaufen. 저기 멋진 탁자가 있다. 그것을 사고 싶어.

Das ist eine schöne Jacke. Die möchte ich kaufen. 멋진 재킷이네. 그것을 사고 싶어.

Wie findest du das Hemd? 그 셔츠 어떻게 생각해?

– **Das finde ich schön.** 멋지다고 생각해. (4격)

– **Das gefällt mir.** 그것이 내 마음에 들어. (1격)

 단어정리

besuchen 방문하다 | **trinken** 마시다 | **essen** 먹다 | **kaufen** 사다 | **braun** 갈색의

🎧 MP3 10_05

A   Da steht ein großer Koffer. Gehört dir der Koffer?

B   Nein, der gehört mir nicht.

A   Gehört der Koffer Jochen?

B   Ja, der gehört ihm.

A   Ich brauche auch einen großen Koffer. Ich möchte heute einen kaufen.

B   Gehen wir jetzt zusammen zum Kaufhaus?

A   Okay. Gehen wir.

  (Im Kaufhaus)

A   Da stehen ein grauer Koffer und ein roter.

B   Der graue gefällt mir. Den möchte ich kaufen. Aber der ist zu teuer.

해석

A   저기 큰 여행 가방이 있네. 그 가방 네 것이니?

B   아니야. 그것은 내 것이 아니야.

A   그러면 요헨 거니?

B   그래, 그의 가방이야.

A   나도 큰 여행 가방이 하나 필요해. 오늘 하나 사고 싶어.

B   지금 같이 백화점에 갈래?

A   좋아. 가자.

  (백화점에서)

A   저기 회색 가방과 빨간색 가방이 있네.

B   그 회색 가방이 마음에 들어. 그것을 사고 싶어. 그런데 그건 너무 비싸구나.

MP3 10_06

01

Der große Koffer gehört mir.
그 큰 트렁크가 내 것이다.

① **Das kleine Auto** 그 작은 자동차가

② **Die rote Jacke** 그 빨간색 재킷이

③ **Die schwarze Tasche** 그 검은색 가방이

④ **Der blaue Pullover** 그 파란색 스웨터가

MP3 10_07

02

Das rote Auto gehört mir.
그 빨간 자동차가 내 것이다.

① **ihm** 그의 것

② **ihr** 그녀의 것

③ **ihnen** 그들의 것

③ **uns** 우리의 것

🎧 MP3 10_08

03 # Da steht ein großer Tisch.
저기 큰 탁자 하나가 서 있다

① **eine alte Lampe** 낡은 전등

② **ein braunes Regal** 갈색 책꽂이

③ **ein kleines Bett** 작은 침대

④ **ein neuer Stuhl** 새 의자

🎧 MP3 10_09

04 # Ich brauche einen großen Tisch.
나는 큰 탁자가 필요하다.

① **eine neue Lampe** 새 전등이 필요하다

② **ein kleines Regal** 작은 책꽂이가 필요하다

③ **kein kleines Regal** 작은 책꽂이가 필요치 않다

④ **keinen großen Tisch** 큰 탁자가 필요치 않다

⑤ **keine neue Lampe** 새 램프가 필요치 않다

문·제·척·척

1 괄호 안에 주어진 형용사를 빈칸에 알맞은 형태로 넣어 보세요.

1 Wem gehört der ＿＿＿＿＿ Koffer? (klein)

2 Wem gehört das ＿＿＿＿＿ Auto? (weiß)

3 Wem gehört die ＿＿＿＿＿ Tasche? (schwarz)

4 Wem gehören die ＿＿＿＿＿ Handschuhe? (rot)

5 Der ＿＿＿＿＿ Mantel gehört mir. (grau)

6 Die ＿＿＿＿＿ Jacke gehört mir. (grün)

7 Das ist ein ＿＿＿＿＿ Pullover. (schön)

8 Da sitzt eine ＿＿＿＿＿ Katze. (klein)

9 Ich brauche einen ＿＿＿＿＿ Tisch. (rund)

10 Ich brauche ein ＿＿＿＿＿ Bett. (neu)

11 Ich kaufe einen ＿＿＿＿＿ Hut. (blau)

12 Ich kaufe ein ＿＿＿＿＿ Regal. (braun)

2 보기에서 골라 빈칸에 넣어 보세요.

> 보기
>
> mir   mir   mir   dir   ihm   ihr   Ihnen   euch   uns

1 그 휴대폰 네 것이니? – 그래. 내 거야.

Gehört _____ das Handy? – Ja, das gehört _____.

2 김 선생님, 그 책은 당신 것입니까? – 아닙니다. 제 것이 아닙니다.

Gehört _____ das Buch, Herr Kim?

– Nein, das gehört _____ nicht.

3 그 자동차 너희들 것이니? – 그래, 우리 자동차야.

Gehört _____ das Auto? – Ja, das gehört _____.

4 그 우산이 막스 것이니? – 그래, 그의 우산이야.

Gehört Max der Regenschirm? – Ja, der gehört _____.

5 그 가방이 파울라 것이니? – 아니야, 그녀의 것이 아니야. 내 가방이야.

Gehört Paula die Tasche?

– Nein, die gehört _____ nicht. Die gehört _____.

Es ist jetzt halb zwei.

지금은 한 시 반입니다.

01 Wie viel Uhr ist es jetzt?

🎧 MP3 11_01

지금 몇 시입니까?

비인칭 주어 es

시간 개념을 나타내는 문장의 주어로 비인칭 주어 **es**를 사용합니다.

Wie viel Uhr ist es? = Wie spät ist es? 몇 시입니까?

Es ist jetzt zwei Uhr. 지금 두 시입니다.

Es ist zu spät. 시간이 너무 늦었다.

공식적인 시간

시간을 말하는 방법은 공식적 시간과 일상생활에서의 시간, 두 가지가 있습니다. 공식적 시간은 기차나 비행기의 출발과 도착 시간, 라디오에서 알려주는 시간 등에 쓰입니다.

Es ist 4.00 Uhr.	vier Uhr / sechzehn Uhr
4.05	vier Uhr fünf (Minuten) / sechzehn Uhr fünf
4.10	vier Uhr zehn / sechzehn Uhr zehn
4.15	vier Uhr fünfzehn / sechzehn Uhr fünfzehn
4.20	vier Uhr zwanzig / sechzehn Uhr zwanzig
4.25	vier Uhr fünfundzwanzig / sechzehn Uhr fünfundzwanzig
4.30	vier Uhr dreißig / sechzehn Uhr dreißig
4.35	vier Uhr fünfunddreißig / sechzehn Uhr fünfunddreißig
4.40	vier Uhr vierzig / sechzehn Uhr vierzig
4.45	vier Uhr fünfundvierzig / sechzehn Uhr fünfundvierzig
4.50	vier Uhr fünfzig / sechzehn Uhr fünfzig
4.55	vier Uhr fünfundfünfzig / sechzehn Uhr fünfundfünfzig

'~시 ~분'이라고 할 때 '분'을 의미하는 Minuten(die Minute의 복수)은 보통 생략합니다. 예를 들어 '10시 30분'은 zehn Uhr dreißig라고 하면 됩니다.

Um wie viel Uhr? 몇 시에?

　um drei Uhr 세 시에

　gegen drei Uhr 세 시경에

　Um wie viel Uhr öffnet das Museum? 박물관은 몇 시에 엽니까?

　– Es öffnet um 10 Uhr. 10시에 엽니다.

 단어정리

das Museum 박물관 ｜ **öffnen** 열다

문·법·콕·콕

02 | Wann hast du heute Vorlesungen?

🎧 MP3 11_02

너는 오늘 언제 강의가 있니?

● **일상회화에서의 시간**

Es ist 4.00 Uhr.	vier (Uhr)
4.05	fünf (Minuten) nach vier (Uhr)
4.10	zehn nach vier
4.15	(ein) Viertel nach vier (Viertel: 4분의 1)
4.20	zwanzig nach vier / zehn vor halb fünf
4.25	fünf vor halb fünf
4.30	halb fünf
4.35	fünf nach halb fünf
4.40	zwanzig vor fünf / zehn nach halb fünf
4.45	(ein) Viertel vor fünf
4.50	zehn vor fünf
4.55	fünf vor fünf

- 1시 30은 halb zwei, 2시 30분은 halb drei, 3시 30분은 halb vier 등으로 말하는 것에 주의해야 합니다.

- '정각 몇 시'와 '몇 시 30분'이 양쪽의 기준이 되고 20분과 40분에서 전치사 vor(~전)와 nach(~후)의 사용이 나뉘는데 주의하면서 시간을 바꾸어서 연습해 보세요.

- 일상회화에서의 시간은 12시간제로 말합니다. 예를 들어 저녁 7시 30분이라고 할 때 halb acht 라고 해야 합니다. halb neunzehn 같은 표현은 쓰지 않습니다.

- 아침, 오전, 오후, 저녁을 구분하고 싶을 때는 시간 뒤에 morgens (아침에), vormittags (오전에), nachmittags (오후에), abends (저녁에), nachts (밤에) 같은 부사를 붙여 쓸 수 있습니다.

> um sechs Uhr morgens 아침 6시에
>
> um elf Uhr vormittags 오전 11시에
>
> um sieben Uhr abends 저녁 7시에

때를 나타내는 표현

der Morgen 아침 – der Vormittag 오전 – der Mittag 정오 – der Nachmittag 오후
– der Abend 저녁 – die Nacht 밤

Uhr의 두 가지 의미

① 시계

Gibt es eine Uhr in deinem Zimmer? 네 방에 시계가 있니?

Ich habe keine Uhr. 나는 시계가 없다.

② ~시

Es ist genau drei Uhr. 정확하게 세 시야.

Um drei Uhr kommt er nach Hause. 세 시에 그가 집으로 온다.

vorgestern 그저께 – gestern 어제 – heute 오늘 – morgen 내일 – übermorgen 모레

 단어정리

die Vorlesung, Vorlesungen 강의 | das Zimmer 방 | genau 정확한, 정확히 | nach Haus(e) 집으로

문·법·콕·콕

03
🎧 MP3 11_03

Am Samstag habe ich noch nichts vor.

토요일에 나는 아직 아무 계획이 없어.

요일

> Sonntag 일요일 – Montag 월 – Dienstag 화 – Mittwoch 수 – Donnerstag 목 –
> Freitag 금 – Samstag (또는: Sonnabend) 토요일

'어떤 요일에'라고 말할 때 요일 앞에 **am**을 붙입니다.

> **am Sonntag** 일요일에   **am Montag** 월요일에 …… **am Wochenende** 주말에
>
> **Am Sonntag gehe ich in die Kirche.** 일요일에 나는 교회에 간다.

요일을 물을 때는 **welch–**를 사용합니다.

Welcher Tag(Wochentag) ist heute? 오늘은 무슨 요일입니까?

= Welchen Tag(Wochentag) haben wir heute?

Heute ist Donnerstag. (= Heute haben wir Donnerstag.) 오늘은 목요일입니다.

분리 동사

동사 앞에 붙는 전철(접두어 **Präfix**)의 종류에 따라 분리 동사와 비분리 동사가 있습니다.

일반 동사	kommen 오다	fahren (차타고) 가다	kaufen 사다
분리 동사	ankommen 도착하다	abfahren 출발하다	einkaufen 장 보다
비분리 동사	bekommen 받다	erfahren 경험하다	verkaufen 팔다

분리 동사 앞에 붙는 분리전철(ab-, an-, aus-, auf-, ein-, mit-, vor-, zu-, zurück- 등)은 현재형과 과거형, 명령형 문장에서 동사로부터 분리하여 문장의 끝에 위치합니다.

ankommen 도착하다
Der Zug kommt um 6.15 Uhr an. 기차가 6시 15분에 도착한다.

einkaufen 장 보다
Ich kaufe am Samstag ein. 나는 토요일에 장을 본다.

aufstehen 일어나다
Ich stehe um 6 Uhr auf. 나는 여섯 시에 일어난다.

vorhaben 계획하고 있다
Ich habe nichts vor. 나는 아무 계획이 없어.

anrufen(+4격) ~에게 전화하다
Ich rufe dich am Abend an. 저녁에 네게 전화할게.

etwas 어떤 것 (영어의 something) ↔ **nichts** 아무 것도 ~하지 않다 (영어의 nothing)

 단어정리

der Wochentag 평일, 근무일

04

🎧 MP3 11_04

Am siebzehnten Januar habe ich Geburtstag.

1월 17일이 내 생일이야.

● 날짜는 서수로 표현합니다.

● 서수

– 서수는 2부터 19까지는 기수에 '–t'를 붙이고, 20 이후는 기수에 '–st'를 붙여 만듭니다.

– 첫 번째, 세 번째, 일곱 번째, 여덟 번째는 예외이니 특히 주의해야 합니다.

1. erst	2. zweit	3. dritt	4. viert	5. fünft
6. sechst	7. siebt	8. acht	9. neunt	10. zehnt
11. elft		12. zwölft		19. neunzehn
20. zwanzigst		21. einundzwanzigst	22. zweiundzwanzigst	
30. dreißigst		31. einunddreißigst	100. hundertst	

– 서수는 숫자 뒤에 마침표(.)를 붙이고 형용사로서 어미변화를 합니다.

– der Tag(날)이 남성명사이기 때문에 날짜는 남성 관사를 붙입니다. (der erste 1일, der zweite 2일, der dritte 3일 ......)

Der wievielte ist heute? = Den wievielten haben wir heute? / Welches Datum ist heute?
오늘이 며칠입니까?

Heute ist der 10. (zehnte) September. (Heute haben wir den zehnten September.)
오늘은 9월 10일입니다.

'~(며칠)에'라고 말할 때는 'am ...en'형태를 사용합니다. am은 an dem(전치사 an + 정관사 dem)의 축약형입니다.

> am ersten 1일에   am zweiten 2일에   am dritten 3일에 ......

> **Wann hast du Geburtstag?** 너 생일이 언제니? (직역하면 '언제 생일을 갖고 있니?')
>
> – **Ich habe am 7.(siebten) Juli Geburtstag.** 7월 7일이 내 생일이야.

월 이름 (모두 남성)

> 1월 Januar   2월 Februar   3월 März   4월 April   5월 Mai
>
> 6월 Juni   7월 Juli   8월 August   9월 September   10월 Oktober
>
> 11월 November   12월 Dezember

> **Wann sind Sie geboren?** 당신은 언제 태어났습니까?
>
> – **Ich bin am 12.(zwölften) November 1995 geboren.** 저는 1995년 11월 12일에 태어났습니다.

연도 읽기

> 1789년: siebzehnhundertneunundachtzig
>
> 1945년: neunzehnhundertfünfundvierzig
>
> 2001년: zweitausendeins
>
> 2021년: zweitausendeinundzwanzig

 단어정리

der Geburtstag 생일 | wievielt... 몇 번째?

MP3 11_05

A Was machst du am Wochenende?

B Ich habe noch nichts vor. Vielleicht lerne ich zu Hause.
Und was machst du?

A Ich fahre am Samstag nach Hause. Mein Vater hat Geburtstag.

B Ich gratuliere! Du hast im Mai Geburtstag, nicht wahr?

A Ja, ich habe am zwanzigsten Mai Geburtstag. Und wann hast du Geburtstag?

B Am siebzehnten Dezember.
Meine Mutter, mein Vater und ich haben alle im Winter Geburtstag.

A Übrigens, wie viel Uhr ist es jetzt?

B Es ist Viertel vor zwei.

A Schon Viertel vor zwei? Die Vorlesung beginnt um zwei.
Jetzt muss ich gehen. Tschüss!

B Tschüss!

해석

A 주말에 뭐 하니?

B 아무 계획 없어. 아마 집에서 공부하고 있을 거야. 너는 뭐 할 건데?

A 나는 토요일에 집에 가. 아버지께서 생신이셔.

B 축하해! 너는 5월에 생일이지, 그렇지 않니?

A 5월 20일이 생일이야. 너는 생일이 언제니?

B 12월 17일이야. 우리 어머니, 아버지와 나는 모두 겨울에 생일이야.

A 그런데 지금 몇 시니?

B 1시 45분이야.

A 벌써 1시 45분이야? 강의가 두 시에 시작인데. 이제 가야겠다. 안녕!

B 잘 가!

🎧 MP3 11_06

01 # Es ist jetzt fünf nach eins.
지금은 1시 5분이다.

① fünf vor halb drei 2시 25분

② Viertel nach drei 3시 15분

③ zehn vor acht 7시 50분

④ fünf nach halb neun 8시 35분

⑤ zwanzig vor zehn 9시 40분

🎧 MP3 11_07

02 # Der Film beginnt um zwei.
영화가 2시에 시작한다.

① zehn nach fünf 5시 10분

② halb sieben 6시 30분

③ Viertel vor elf 10시 45분

④ zwanzig nach elf 11시 20분

⑤ halb eins 12시 30분

🎧 MP3 11_08

03

Am Samstag habe ich noch nichts vor.
토요일에 나는 아무 계획이 없어.

① Montag hat mein Vater 월요일에 아버지는

② Freitag haben wir 금요일에 우리는

③ Sonntag hat meine Mutter 일요일에 어머니는

④ Wochenende haben meine Eltern 주말에 부모님은

🎧 MP3 11_09

04

Am ersten Juni habe ich Geburtstag.
6월 1일이 내 생일이야.

① dritten Januar 1월 3일

② fünften März 3월 5일

③ zwölften August 8월 12일

④ neunzehnten November 11월 19일

⑤ einunddreißigsten Dezember 12월 31일

문·제·척·척

1 다음 시간을 공식적 시간과 일상 회화에서의 시간 두 가지로 적어 보세요.

> **보기**
>
> 1:10 ein Uhr zehn / zehn nach eins

1 2:05 _____ _____

2 3:20 _____ _____

3 4:15 _____ _____

4 5:25 _____ _____

5 6:35 _____ _____

6 8:40 _____ _____

7 9:30 _____ _____

8 10:45 _____ _____

9 11:50 _____ _____

10 12:55 _____ _____

2 다음 날짜를 독일어로 적어 보세요.

1 Heute ist der 1. 3. _____

2 Heute ist der 5. 5. _____

3 Heute ist der 7. 9. _____

4 Am 25. 8. habe ich Geburtstag. _____

5 Am 17. 1. hat meine Mutter Geburtstag. _____

6 Am 30. 11. hat mein Sohn Geburtstag. _____

3 빈칸에 알맞은 단어를 넣어 보세요.

1 Januar – _____ – März – April – _____ –
Juni – _____ – August – _____ –
_____ – November – _____

2 Sonntag – Montag – _____ – Mittwoch –
_____ – Freitag – Samstag (= _____)

3 der Morgen – der Vormittag – _____ – der Nachmittag –
der Abend – _____

4 독일어로 문장을 만들어 보세요.

1 Max가 다섯 시에 집으로 온다.

_____

2 나는 내일 아무 계획이 없어.

_____

3 오늘은 무슨 요일입니까?

_____

4 오늘은 수요일입니다.

_____

5 오늘이 며칠입니까?

_____

6 오늘은 8월 11일입니다.

_____

7 오늘 어머니께서 생신이셔.

_____

8 Müller씨, 당신은 언제가 생일입니까?

_____

9 나는 1월 1일이 생일입니다.

_____

10 강의가 한 시에 시작한다.

_____

Was isst du gern?

너는 무엇을 즐겨 먹니?

문·법·콕·콕

01 Was essen Sie gern?

MP3 12_01

무엇을 즐겨 드십니까?

● essen (먹다) 현재형 (불규칙변화)

단수 주어		복수 주어 / 존칭 Sie	
ich	esse	wir	essen
du	isst	ihr	esst
er/sie/es	isst	sie/Sie	essen

Was essen Sie gern? 당신은 무엇을 즐겨 드십니까?

Was isst du gern? 너는 무엇을 즐겨 먹니? (어떤 음식 좋아하니?)

Ich esse gern Wurst und Käse. 나는 소시지와 치즈를 즐겨 먹는다.

Mein Vater isst gern Schweinefleisch. 아버지는 돼지고기를 즐겨 드신다.

● 부사 gern(= gerne)

부사 **gern(e)**은 '기꺼이, 즐겨'라는 의미입니다. 동사와 함께 쓰이면 '~을 즐겨 하다, ~하는 것을 좋아하다'라는 의미가 됩니다.

Ich spiele gern Gitarre. 나는 기타 치기를 좋아한다.

Hörst du gern Musik? 너는 음악 즐겨 듣니?

Isst du nicht gerne Schweinefleisch? 너는 돼지고기를 즐겨 먹지 않니?

Ich trinke nicht so gern Bier. 나는 맥주를 그다지 즐겨 마시지 않는다.

● 즐겨 먹는 음식을 이야기할 때 명사 **Lieblingsessen**(좋아하는 음식)을 사용할 수도 있습니다.

Was ist dein Lieblingsessen? 좋아하는 음식이 뭐니?

– Mein Lieblingsessen ist Pizza. 내가 좋아하는 음식은 피자야.

 단어정리

spielen 연주하다, 놀다, (운동 경기를) 하다 | **das Schweinefleisch** 돼지고기

02 Ich mag keine Milch.

나는 우유를 좋아하지 않아.

mögen + 4격 (〜을 좋아하다) 현재형 (불규칙변화)

단수 주어		복수 주어 / 존칭 Sie	
ich	mag	wir	mögen
du	magst	ihr	mögt
er/sie/es	mag	sie/Sie	mögen

Mögen Sie Fisch? 생선 좋아하십니까?

Magst du Käse? 치즈 좋아해?

Ich mag Kuchen. 나는 케이크를 좋아해.

Ich mag keine Milch. 나는 우유를 좋아하지 않아.

Max mag Tee. 막스는 차를 좋아한다.

Max mag keinen Kaffee. 막스는 커피를 좋아하지 않는다.

gern의 비교급과 최상급 gern – lieber – am liebsten

Ich esse gern Wurst. 나는 소시지를 즐겨 먹는다.

Ich esse lieber Käse als Wurst. 나는 소시지보다 치즈를 더 즐겨 먹는다. (비교급 als 〜 〜보다 더)

Ich esse am liebsten Fisch. 나는 생선을 가장 즐겨 먹는다.

Ich trinke lieber Orangensaft als Cola. 나는 콜라보다 오렌지 주스를 더 즐겨 마신다.

drei Mahlzeiten 세 끼 식사

das Frühstück 아침식사	frühstücken 아침식사하다
das Mittagessen 점심식사	zu Mittag essen 점심식사하다
das Abendessen 저녁식사	zu Abend essen 저녁식사하다

Was essen Sie zum Frühstück? 아침식사에 무엇을 드십니까?

Ich frühstücke nicht. 나는 아침을 먹지 않는다.

Gegen 6 Uhr essen wir zu Abend. 우리는 6시쯤에 저녁을 먹는다.

Zum Frühstück esse ich ein Brötchen mit Käse und Schinken.
나는 아침식사로 치즈와 햄을 넣은 빵을 먹는다.

 단어정리

der Fisch 생선 | der Kuchen 케이크 | die Milch 우유 | der Tee 차 | der Kaffee 커피 | die Wurst 소시지 |
der Käse 치즈 | der Schinken 햄 | das Brötchen (작고 겉이 바삭한) 롤빵

03 | Ich hätte gern einen Kartoffelsalat.

🎧 MP3 12_03

저는 감자 샐러드 하나 하겠습니다.

● 식당에서 주문을 받는 종업원은 다음과 같이 질문합니다.

Was hätten Sie gern? 무엇을 드시겠습니까?

= Was möchten Sie, bitte?

Was möchten Sie trinken? 음료는 무엇을 드시겠습니까?

● 'Was darf es denn sein?', 'Sie wünschen?' 같은 표현으로 질문할 수도 있습니다.

● 식당에서 음식을 주문할 때 다음과 같은 표현을 사용합니다.

> Ich hätte gern ~(4격).
> Ich möchte ~(4격).
> Ich nehme ~(4격).

Ich hätte gern einen Apfelkuchen und einen Kaffee. 사과 케이크 하나와 커피 하나 하겠습니다.

Ich möchte eine Pizza. 피자 하나 하겠습니다.

Ich nehme Spaghetti. 나는 스파게티를 선택할게.

● 그밖에 아래 표현들도 기억해 두세요.

Die Speisekarte, bitte! 메뉴판 좀 주세요.

Können Sie uns etwas empfehlen? 우리에게 무언가를 추천해 주실 수 있을까요?

Ich habe Hunger. 나는 배고파.

Ich habe Durst. 목말라.

Ich habe keinen Hunger. 나는 배고프지 않아.

Guten Appetit! 맛있게 드세요. 맛있게 먹어.

Prost! 건배!

문·법·콕·콕

Wie schmeckt es Ihnen? 맛이 어떻습니까?

Schmeckt's gut? 맛있습니까? 맛있니?

Das schmeckt mir gut. (내게는) 맛이 좋습니다.

Das schmeckt mir lecker. 맛있습니다.

Das ist lecker. 맛있어요.

 단어정리

der Salat 샐러드 | empfehlen 추천하다 | der Hunger 배고픔 | der Durst 갈증 | schmecken 맛있다, ~한 맛이 나다 | lecker 맛있는

04 Wir gehen zu Mittag essen.

MP3 12_04

우리는 점심 식사하러 간다.

- 'gehen+ ... 동사원형'은 '~하러 가다'라는 의미입니다.

  Wir gehen morgen schwimmen. 우리는 내일 수영하러 간다.

  Ich gehe jetzt schlafen. 나는 지금 자러 간다.

  Ich gehe mit Leonie zu Abend essen. 나는 레오니와 함께 저녁 먹으러 간다.

- 식당에서 식사를 마친 후에 계산을 하려고 할 때 아래의 표현을 사용합니다.

  Wir möchten zahlen! 계산하겠습니다!

  Die Rechnung, bitte! 계산서 주세요.

- 종업원은 한꺼번에 계산할 것인지 따로 계산할 것인지를 질문합니다. 독일에서는 함께 식사한 사람이 "Ich lade Sie (dich) ein. 내가 당신을 (너를) 초대하겠습니다."라든가, "Sie sind (Du bist) heute Abend mein Gast. 오늘 저녁은 당신이 (네가) 내 손님입니다."라고 말하지 않았다면 각자 자기가 먹은 것을 따로 계산하는 것이 기본입니다.

  Zahlen Sie zusammen oder getrennt? 함께 계산하십니까, 아니면 따로 하십니까?

  Getrennt, bitte! 따로 계산합니다.

- 자신이 계산할 금액에 보통 5~10퍼센트의 팁을 붙여 주면서 "Stimmt so! 됐습니다. 그냥 두세요." 라고 말합니다. 거스름돈은 팁으로 가지라는 의미입니다.

> Kunde 손님: Ich bezahle die Pizza und das Bier. 저는 피자와 맥주 값 지불합니다.
>
> Kellner 웨이터: Das macht zehn Euro zwanzig. 10유로 20센트입니다.
>
> Kunde: Elf Euro, stimmt so. 11유로 받으세요.
>
> Kellner: Danke schön! 감사합니다.

 단어정리

schwimmen 수영하다 | schlafen 자다 | zahlen 지불하다 | bezahlen 지불하다, 계산하다 | die Rechnung 계산서 | getrennt 따로 | zusammen 함께, 합해서 | stimmen 맞다, 일치하다

회·화·술·술

🎧 MP3 12_05

A Was isst du zum Frühstück?

B Ich esse normalerweise zwei Brötchen mit Butter, Käse und Schinken.

A Trinkst du Milch dazu?

B Nein, ich trinke eine Tasse Kaffee.
   Ich mag keine Milch. Trinkst du gern Milch?

A Ja, ich trinke gern Milch. Aber ich trinke lieber Orangensaft.

B Ich habe Hunger. Gehen wir zu Mittag essen?

A Ich habe auch Hunger. Aber ich habe nicht viel Zeit.

B Gehen wir zum Imbiss in der Nähe? Da können wir Currywurst mit Brötchen essen.

A Gute Idee. Ich möchte Currywurst mit Pommes essen.

해석

A 아침식사로 무엇을 먹니?

B 보통 나는 롤빵 두 개에 버터, 치즈, 햄을 곁들여 먹어.

A 거기에다가 우유를 마시니?

B 아니야. 커피 한 잔 마셔.
   나는 우유 좋아하지 않아. 너는 우유 즐겨 마시니?

A 응. 나는 우유 좋아해. 하지만 오렌지 주스를 더 즐겨 마셔.

B 나는 배가 고프네. 우리 점심 먹으러 갈까?

A 나도 배가 고파. 하지만 시간이 많지 않아.

B 근처에 임비스(간이 식당)에 갈까? 거기에서 롤빵 곁들인 카레 소시지를 먹을 수 있어.

A 좋은 생각이야. 나는 감자튀김 곁들인 카레 소시지를 먹고 싶어.

패·턴·톡·톡

🎧 MP3 12_06

01 **Ich esse gern Fisch und Gemüse.**

나는 생선과 채소를 즐겨 먹는다.

① Meine Mutter isst 어머니는

② Max isst 막스는

③ Wir essen 우리는

④ Du isst 너는

⑤ Ihr esst 너희들은

🎧 MP3 12_07

02 **Ich mag keine Milch.**

나는 우유를 좋아하지 않아.

① keinen Käse 치즈를

② keine Wurst 소시지를

③ keinen Alkohol 술을

④ keinen Kaffee 커피를

⑤ kein Schweinefleisch 돼지고기를

⑥ keinen Fisch 생선을

패·턴·톡·톡

🎧 MP3 12_08

03

Ich hätte gern einen Kartoffelsalat.

저는 감자 샐러드 하나 하겠습니다.

① einen Kaffee 커피

② eine Pizza 피자

③ ein Käsebrot 치즈 넣은 빵

④ einen Schweinebraten 돼지고기 구이

⑤ einen Apfelsaft 사과 주스

⑥ eine Gemüsesuppe 야채 수프

⑦ einen Salat 샐러드

🎧 MP3 12_09

04

Wir gehen zusammen zu Mittag essen.

우리는 함께 점심 먹으러 간다.

① schwimmen 수영하러

② einkaufen 장보러

③ shoppen 쇼핑하러

④ zu Abend essen 저녁 먹으러

⑤ Fußball spielen 축구하러

문·제·척·척

1 essen과 trinken 중 하나를 골라 알맞은 형태로 넣어 보세요.

1 _____ Sie gern Wein?

2 _____ ihr gern Pizza?

3 _____ du nicht gern Schweinebraten?

4 Wir _____ nicht so gern Bier.

5 Ich _____ gern Orangensaft.

6 Herr Kim _____ gern Kuchen.

2 mögen을 알맞은 형태로 넣어 보세요.

1 _____ Sie Brahms?

2 Ich _____ Romane.

3 Meine Schwester _____ Rockmusik.

4 _____ du Wurst?

5 Herr Schneider _____ Kaffee.

3 괄호 안에 주어진 단어를 사용하여 독일어로 문장을 만들어 보세요.

1 나는 고기를 좋아하지 않아. (Fleisch(n.))

_____

2 내 어머니는 치즈를 좋아하지 않으셔. (Käse(m.))

_____

3 그것 맛있니? (schmecken)

_____

4 피자가 나는 맛있어. (mir)

_____

5 나는 배고파.

_____

6 나는 배고프지 않아.

_____

7 맛있게 드세요. (식사 전 인사)

_____

8 나의 아버지는 생선을 즐겨 드신다. (Fisch)

_____

9 나는 소시지보다 치즈를 더 즐겨 먹는다. (Käse / Wurst)

_____

10 우리는 6시에 저녁을 먹는다. (zu Abend essen)

_____

11 (주문할 때) 저는 슈니첼 하나 하겠습니다. (hätte gern / ein Schnitzel)

_____

12 (주문할 때) 나는 피자와 콜라를 원합니다. (möchte / eine Pizza / eine Cola)

_____

13 나는 지금 자러 간다. (jetzt / schlafen)

_____

14 우리는 축구하러 간다. (Fußball spielen)

_____

15 너는 아침식사로 무엇을 먹니? (zum Frühstück)

_____

Wie komme ich zum Bahnhof?

역에 어떻게 가나요?

01 Sie können mit dem Bus fahren.

🎧 MP3 13_01

버스를 타고 가실 수 있습니다.

정관사의 3격

	m.	f.	n.	Pl.
정관사 1격	der 명사(남성)	die 명사(여성)	das 명사(중성)	die 명사(복수)
4격	den 명사	die 명사	das 명사	die 명사
3격	dem 명사	der 명사	dem 명사	den 명사+n

부정관사의 3격

	m.	f.	n.	Pl.
부정관사 1격	ein 명사(남성)	eine 명사(여성)	ein 명사(중성)	eine 명사(복수)
4격	einen 명사	eine 명사	ein 명사	eine 명사
3격	einem 명사	einer 명사	einem 명사	einen 명사+n

전치사 mit ~와 함께, ~을 가지고, ~을 타고

mit은 3격 지배 전치사로서 그 뒤에 오는 명사나 대명사는 3격형으로 써야 합니다.

mit dem Bus 버스를 타고	mit dem Fahrrad 자전거를 타고
mit dem Taxi 택시를 타고	mit der U-Bahn 지하철을 타고
mit dem Auto 자동차를	mit dem Zug 기차를 타고
mit dem Flugzeug 비행기를 타고	mit dem Schiff 배를 타고
mit der Tante 이모와 함께	mit dem Kind 아이를 데리고

3격 지배 전치사

다음 전치사들은 3격 지배 전치사로서 그 뒤에 오는 명사나 대명사는 3격형으로 써야 합니다.

mit ~와 함께, ~을 가지고	von ~로부터
aus ~로부터	seit ~이래로
bei ~옆에, ~의 집에, ~할 때	
nach ~를 향하여 (+ 중성국가명, 도시명), ~ 후에	
zu ~를 향하여 (+ 특정 장소, 건물, 사람)	
gegenüber ~ 맞은편에 (gegenüber는 주로 3격 명사 뒤에 위치)	

다음 표현들은 숙어로 암기해 두어야 합니다.

zu Fuß gehen 걸어가다   **zu Haus(e)** 집에, 집에서   **nach Haus(e)** 집으로

Sie können mit dem Bus fahren. 버스를 타고 가실 수 있습니다.

Fahren Sie mit der U-Bahn! 지하철을 타고 가십시오.

Wie kommen Sie vom Deutschkurs nach Hause? 당신은 독일어 수업에서 집으로 어떻게 갑니까?

Ich gehe zu Fuß. Meine Wohnung ist in der Nähe.
나는 걸어서 갑니다. 집이 가까이에 있습니다. (in der Nähe 근처에)

 단어정리

der Bus 버스 | der Zug 기차 | die U-Bahn 지하철 | das Fahrrad 자전거 | das Taxi 택시 | das Auto 자동차 |
das Flugzeug 비행기 | das Schiff 배 | die Nähe 가까움, 인접

02

🎧 MP3 13_02

Ich möchte zum Nationalmuseum fahren.

나는 국립박물관에 가고 싶습니다.

길을 묻는 질문

Wie komme ich zum Nationalmuseum? 국립박물관에 어떻게 갑니까?

Wo gibt es hier eine Bäckerei? 여기 빵집이 어디에 있습니까?

전치사 zu / nach

- zu와 nach는 3격 지배 전치사입니다.

- zu와 nach는 둘 다 '~를 향하여'라는 의미를 갖지만 용법이 다르므로 구분해서 사용합니다.

zu + 특정 장소, 건물, 사람

Wie komme ich zum Bahnhof? 역으로 어떻게 갑니까? (zum = zu dem)

Ich gehe zum Arzt. 나는 의사에게 (진찰 받으러) 간다.

Ich möchte zum Museum fahren. 나는 박물관에 가고 싶다.

Wir fahren jetzt zur Stadtmitte. 우리는 지금 도심으로 간다.

nach + 국가명, 도시명, 부사

Er fährt heute nach Köln. 그는 오늘 쾰른으로 간다.

Ich fliege am Montag nach Deutschland. 나는 월요일에 독일에 간다.

Gehen Sie nach links (nach rechts)! 왼쪽으로 (오른쪽으로) 가십시오.

fahren ((차, 기차, 버스 등을 타고) 가다) 현재형 (불규칙변화)

단수 주어		복수 주어 / 존칭 Sie	
ich	fahre	wir	fahren
du	fährst	ihr	fahrt
er/sie/es	fährt	sie/Sie	fahren

불규칙변화 동사는 크게 세 가지로 구분됩니다. 단수 2인칭(du)과 단수 3인칭(er/sie/es)에서 ① 어간의 모음 a가 ä로 변화하는 경우, ② 어간의 모음 e가 i로 변화하는 경우, ③ 어간의 모음 e가 ie 로 변화하는 경우. fahren은 이 중 첫 번째의 경우에 해당됩니다.

Mein Vater fährt heute nach Busan. 아버지께서 오늘 부산에 가신다.

Fährst du morgen nach Berlin? 너 내일 베를린에 가니?

fahren처럼 a모음이 변화하는 아래의 불규칙 변화 동사들도 기억해 두어야 합니다.

fallen 떨어지다	ich falle. du fällst. er fällt
fangen 잡다	ich fange. du fängst. er fängt
schlafen 자다	ich schlafe. du schläfst. er schläft
waschen 세탁하다, 씻다	ich wasche. du wäschst. er wäscht

 단어정리

die Stadtmitte 도심 ┃ **fliegen** 날다, 비행기 타고 가다 ┃ **das Museum** 박물관

03 Gehen Sie die erste Straße links!

🎧 MP3 13_03

왼쪽 첫 번째 도로로 가십시오.

● Sie 명령형

존칭 Sie에 대한 명령형은 '...en Sie ~!' 형태로 만듭니다.

Gehen Sie geradeaus! 곧바로 가십시오.

Trinken Sie viel Wasser! 물을 많이 드세요!

Warten Sie einen Moment, bitte! 잠깐만 기다리십시오.

Sprechen Sie bitte lauter! 더 크게 말씀해 주십시오!

Gehen Sie nach rechts! 오른쪽으로 가십시오.

● die erste Straße 첫 번째 거리, die zweite Straße 두 번째 거리, die dritte Straße 세 번째 거리...

● gut의 비교급과 최상급

gut – besser – am besten

Wie komme ich am besten zum Kino? 극장에 어떻게 가는 것이 가장 좋을까요?

Fahren Sie besser mit dem Bus! 버스를 타시는 것이 더 좋습니다.

Sie gehen am besten zuerst nach rechts. 우선 오른쪽으로 가시는 것이 가장 좋습니다.

● gehen / fahren / fliegen

'gehen (걸어서) 가다', 'fahren (~을 타고) 가다', 'fliegen (비행기를 타고) 가다'로 나누어 쓸 수도 있지만 gehen이나 fahren은 좀 더 폭넓은 의미로 사용됩니다. 예를 들어 비행기를 타고 휴가를 갈 때 fahren을 쓰기도 합니다. 또 gehen은 꼭 걸어서 가지 않아도 '어디로 살러 간다'는 의미를 갖기

도 합니다.

Ich gehe jetzt nach Hause. 나 지금 집에 가.

Ich gehe nach Korea. 나 한국에 가. (한국으로 귀국한다는 의미)

Er fährt mit dem Bus nach Hause. 그는 버스를 타고 집으로 간다.

Er fährt mit seinen Freunden in Urlaub. 그는 친구들과 휴가를 간다.

~en wir! 우리 ~하자, ~합시다

Gehen wir zu Fuß! 우리 걸어서 가자.

Nehmen wir den Bus! 우리 버스를 타자.

Machen wir eine Party! 우리 파티하자.

Stunde – Stunden, Minute – Minuten

eine Stunde 한 시간	zwei Stunden 두 시간	drei Stunden 세 시간
eine Minute 1분	sechzig Minuten 60분	
eine halbe Stunde 반 시간 = dreißig Minuten 30분		

시간의 경과를 표현할 때는 동사 **dauern**을 사용합니다.

Wie lange dauert es? 얼마나 오래 걸리나요?

Es dauert eine Stunde. 한 시간 걸립니다.

 단어정리

die Straße 도로, 거리 | links 왼쪽에 | rechts 오른쪽에 | warten 기다리다 | das Moment 순간 | sprechen 말하다 | laut 소리가 큰 | lauter 소리가 더 큰, 더 크게 | zuerst 우선 | der Freund, Freunde 친구 | der Urlaub 휴가

문·법·콕·콕

04

🎧 MP3 13_04

Können Sie mir sagen, wie ich zum Bahnhof komme?

역으로 어떻게 가는지 말씀해 주실 수 있을까요?

의문사

wer? (4격 wen, 3격 wem) 누가?	was? (4격 was) 무엇?
wann 언제?	wo 어디에?
woher 어디로부터?	wohin 어디로?
wie 어떻게?	warum (= wieso) 왜?
wie lange 얼마나 오래?	wie viel ~? wie viele ~(복수)? 얼마나 많이? 몇 개의?

wissen (알다) 현재형 (불규칙 변화)

단수 주어		복수 주어 / 존칭 Sie	
ich	weiß	wir	wissen
du	weißt	ihr	wisst
er/sie/es	weiß	sie/Sie	wissen

Weißt du das? 너 그것 알고 있니?

Das weiß ich schon. 나는 그것을 벌써 알고 있어.

의문사로 시작하는 부문장

– 의문사로 시작하는 의문문을 주문장 뒤에 연결시켜 부문장으로 만들 수 있습니다.

– 부문장에서 동사는 맨 끝에 위치합니다.

Wie komme ich zum Bahnhof? 역으로 어떻게 갑니까?

→ **Können Sie mir sagen, wie ich zum Bahnhof komme?**
역으로 어떻게 가는지 말씀해 주실 수 있을까요?

Wie komme ich dahin? 거기로 어떻게 가지?

→ **Kannst du mir sagen, wie ich dahin komme?** 거기로 어떻게 가는지 말해 줄 수 있니?

Wo ist das Stadttheater? 시립극장이 어디입니까?

→ **Wissen Sie, wo das Stadttheater ist?** 시립극장이 어디에 있는지 아십니까?

Wo wohnt Max? 막스는 어디에 사니?

→ **Ich weiß nicht, wo Max wohnt.** 나는 막스가 어디에 사는지 몰라.

Wann kommt er nach Hause? 그는 집에 언제 오니?

→ **Ich möchte wissen, wann er nach Hause kommt.** 그가 언제 집에 오는지 알고 싶다.

 단어정리

der Bahnhof 기차역 | **das Theater** 극장 | **das Stadttheater** 시립극장 | **dahin** 그곳으로, 그리로 | **schon** 벌써

MP3 13_05

A Entschuldigung! Kann ich Sie etwas fragen?
Wie komme ich zum Stadttheater?

B Tut mir leid, ich bin auch fremd hier.

A Entschuldigen Sie. Ich möchte zum Nationalmuseum kommen.
Können Sie mir sagen, wie ich dahin komme?

B Sie können mit der U-Bahn oder mit dem Bus fahren.

A Wie lange dauert es?

B Ungefähr eine halbe Stunde mit der U-Bahn.

A Danke schön! Wo ist die U-Bahn-Station?

B Gehen Sie die erste Straße rechts und dann geradeaus.
Sie müssen etwa zehn Minuten zu Fuß gehen.
Dann können Sie die U-Bahn-Station sehen.

A Wo ist die Bushaltestelle?

B Es ist gleich um die Ecke.

A Dann möchte ich lieber mit dem Bus fahren.

B Nehmen Sie die Nummer sieben.

A Vielen Dank.

해석

A 실례합니다. 뭐 좀 물어봐도 될까요? 시립극장에 어떻게 가나요?

B 죄송합니다. 저도 이곳에 처음입니다.

––––––––––––––––––

A 실례합니다. 제가 국립박물관에 가고 싶은데요.
   어떻게 그리로 가는지 말씀해 주실 수 있을까요?

B 지하철이나 버스를 타고 가실 수 있습니다.

A 얼마나 걸리나요?

B 지하철을 타면 대략 30분 정도 걸립니다.

A 고맙습니다. 지하철역은 어디인가요?

B 오른쪽 첫 번째 도로로 가서 그 다음에 곧바로 걸어가세요.
   10분쯤 걸어가셔야 합니다. 그러면 지하철역이 보입니다.

A 버스정류장은 어디에 있습니까?

B 바로 모퉁이를 돌면 있습니다.

A 그러면 버스를 타고 가는 것이 더 좋겠습니다.

B 7번 버스를 타세요.

A 감사합니다.

패·턴·톡·톡

🎧 MP3 13_06

01 Wie komme ich zum Hauptbahnhof?
중앙역으로 어떻게 갑니까?

① zum Museum 박물관

② zum Stadttheater 시립극장

③ zum Rathaus 시청

④ zur U-Bahn-Station 지하철역

⑤ zur Stadtmitte 도심

🎧 MP3 13_07

02 Gehen Sie die erste Straße links!
왼쪽 첫 번째 도로로 가십시오.

① die zweite Straße links 왼쪽 두 번째 도로로

② die dritte Straße rechts 오른쪽 세 번째 도로로

③ nach rechts 오른쪽으로

④ nach links 왼쪽으로

⑤ geradeaus 곧바로

⑥ zu Fuß 걸어서

MP3 13_08

03 Sie können mit dem Bus fahren.

버스를 타고 가실 수 있습니다.

① dem Taxi 택시를 타고

② der U-Bahn 지하철을 타고

③ dem Zug 기차를 타고

④ dem Auto 자동차를 타고

⑤ der Straßenbahn 전차를 타고

MP3 13_09

04 Können Sie mir sagen, wie ich zum Bahnhof komme?

역으로 어떻게 가는지 말씀해 주실 수 있습니까?

① wo das Stadttheater ist 시립극장이 어디에 있는지

② wie spät es ist 몇 시인지

③ wer heute kommt 오늘 누가 오는지

④ wann der Deutschkurs beginnt 독일어 과정이 언제 시작되는지

문·제·척·척

1 동사 fahren과 정관사를 알맞은 형태로 넣어 보세요.

1 Ich f _____ mit d _____ Bus.

2 Er f _____ mit d _____ Straßenbahn.

3 Meine Mutter f _____ mit d _____ Zug.

4 Wir f _____ mit d _____ Taxi.

5 F _____ ihr mit d _____ Auto?

6 F _____ du mit d _____ U-Bahn?

2 주어진 전치사(또는 '전치사 + 관사') 중 하나를 골라 넣으세요.

> nach / zu / zum / zur

1 Ich möchte _____ Museum fahren.

2 Ich fahre heute _____ Köln.

3 Er geht jetzt _____ Haus.

4 Max ist jetzt _____ Haus.

5 Gehen Sie _____ links!

6 Ich gehe _____ Arzt.

7 Wir fahren jetzt _____ Stadtmitte.

3 wissen 동사를 알맞은 형태로 넣으세요.

1 Das _____ ich schon.

2 _____ du das?

3 _____ deine Mutter das?

4 Woher _____ ihr das?

5 Ich möchte _____, wann er zurückkommt.

4 괄호 안에 주어진 단어를 사용하여 독일어로 문장을 만들어 보세요.

1 나는 걸어서 집으로 간다. (zu Fuß)

_____

2 여기 우체국이 어디에 있습니까? (die Post)

_____

3 나는 토요일에 독일로 갑니다. (fliegen / Samstag / Deutschland)

_____

4 너 내일 부산에 가니? (fahren)

_____

5 잠깐만 기다리십시오. (einen Moment)

_____

6 극장에 어떻게 가는 것이 가장 좋을까요? (am besten / das Kino)

_____

7 시립극장이 어디에 있는지 아십니까? (das Stadttheater)

_____

8 Max가 어디에 사는지 나는 모른다. (wo)

_____

9 죄송합니다. 저도 이곳에 처음입니다. (fremd hier)

_____

10 얼마나 걸리나요? (dauern)

_____

Heute ist es kälter als gestern.

오늘은 어제보다 더 춥다.

01 Wie ist das Wetter heute?

🎧 MP3 14_01

오늘 날씨 어때요?

비인칭 주어 es와 날씨

날씨를 나타내는 문장에서 비인칭 주어 es를 자주 사용합니다.

Es regnet. 비가 온다.	**Es schneit.** 눈이 온다.
Es ist sonnig. 해가 쨍쨍하다.	**Es donnert und blitzt.** 천둥 번개가 친다.
Es ist neblig. 안개가 끼어 있다.	**Es ist windig.** 바람이 많이 분다.
Es ist heiß. 날이 덥다.	**Es ist kalt.** 날이 춥다.
Es ist warm. 날이 따뜻하다.	**Es ist kühl.** 날이 서늘하다.
Es sind 25 Grad. 기온이 25도이다.	**Es sind minus zwei Grad.** 기온이 영하 2도이다.

Wie ist das Wetter heute? 오늘 날씨가 어때?

Das Wetter ist schön. = Es ist schön. 날씨가 좋아.

Die Sonne scheint. 해가 빛나고 있어.

Wie ist das Wetter in Korea? 한국은 날씨가 어때요?

Im Sommer ist es heiß. Es regnet viel. 여름에는 덥습니다. 비가 많이 옵니다.

Im Winter ist es kalt. Es schneit viel. 겨울에는 춥습니다. 눈이 많이 옵니다.

nicht mehr / kein- ~ mehr 더 이상 ~하지 않다.

Es regnet nicht mehr. 이제는 비가 오지 않는다.

Er hat kein Fahrrad mehr. 그는 이제는 자전거가 없다.

인칭대명사 es와 비인칭 주어 es는 형태는 같지만 용법이 다릅니다. 인칭대명사인 es는 중성 명사의 1격과 4격을 대신하는 역할을 합니다.

Wo ist mein Buch? – Es liegt auf dem Tisch.

내 책 어디에 있지? – 그것(책) 책상 위에 놓여 있어. (중성 1격 es)

Wie findest du das Hemd? – Ich finde es schön.

그 셔츠 어떻게 생각해? – 그것(셔츠) 멋지다고 생각해. (중성 4격)

Das Auto gefällt meinem Vater. Er kauft es.

자동차가 아버지 마음에 든다. 아버지는 그것(자동차)을 산다. (중성 4격)

 단어정리

regnen 비 오다 | schneien 눈이 오다 | scheinen 빛나다 | donnern 천둥치다 | blitzen 번개 치다 | sonnig 해가 쨍쨍한 | neblig 안개 낀 | windig 바람 부는 | heiß 뜨거운 | kalt 차가운 | warm 따뜻한 | kühl 서늘한 | der Grad ~도 | die Sonne 태양 | der Sommer 여름 | der Winter 겨울

02 Heute ist es kälter als gestern.

🎧 MP3 14_02

오늘은 어제보다 더 춥다.

형용사 비교급과 최상급

형용사에 '–er'를 붙이면 비교급, '–st'를 붙이면 최상급 형태가 됩니다.

klein 작은 – kleiner – kleinst   schön 아름다운 – schöner – schönst

1음절 형용사에 a, o, u가 있으면 비교급과 최상급에서 대개 ä, ö, ü로 변음합니다.

jung 젊은 – jünger – jüngst   arm 가난한 – ärmer – ärmst

lang 긴 – länger – längst   warm 따뜻한 – wärmer – wärmst

형용사가 –el, –er로 끝나는 경우는 비교급에서 원급의 e가 탈락합니다.

dunkel 어두운 – dunkler – dunkelst   teuer 비싼 – teurer – teuerst

형용사가 –t, –d, –s, –ß, –sch, –z로 끝나는 경우 비교급은 그대로 '–er'를 붙이고 최상급에는 '–est'를 붙입니다.

breit 넓은 – breiter – breitest   heiß 뜨거운 – heißer – heißest

alt 늙은 – älter – ältest   kurz 짧은 – kürzer – kürzest

kalt 차가운 – kälter – kältest   gesund 건강한 – gesünder-gesündest

● 불규칙 변화는 암기해 두어야 합니다.

> gut 좋은 – besser – best
>
> hoch 높은 – höher – höchst
>
> viel 많은 – mehr – meist
>
> groß 큰 – größer – größt
>
> nah 가까운 – näher – nächst
>
> (gern 기꺼이, 즐겨 – lieber – am liebsten)

● 비교급 als ~: ~보다 더 …하다

Heute ist es kälter als gestern. 오늘은 어제보다 날이 더 춥다.

Es ist wärmer als gestern. 어제보다 더 따뜻하다.

Max ist älter als ich. 막스가 나보다 나이가 많다.

● so 형용사 원급 wie ~: ~만큼 …하다

Heute ist es so kalt wie gestern. 오늘 날이 어제만큼 춥다.

Es ist nicht so heiß wie gestern. 어제만큼 그렇게 덥지 않다.

Max ist so alt wie du. 막스는 너와 나이가 같다.

03 Warte einen Moment!

🎧
MP3 14_03

잠깐만 기다려!

du에 대한 명령형

서로를 du로 호칭하는 사이에서의 명령형은 동사의 어간으로 만듭니다. du는 생략해야 합니다.

trinken 마시다	**Trink viel Wasser!** 물을 많이 마셔라.
gehen 가다	**Geh ins Bett!** 잠자러 가라!
fahren 가다	**Fahr langsamer!** 좀 더 천천히 운전해.
schlafen 자다	**Schlaf gut!** 잘 자.

어간이 −d, −t, −chn, −fn 등으로 끝나는 일반 동사는 어간에 −e를 붙인 형태로 명령형을 만듭니다.

antworten 대답하다	**Antworte mir!** 내게 답장해!
warten 기다리다	**Warte einen Moment!** 잠깐 기다려!
öffnen 열다	**Öffne das Fenster!** 창문을 열어라!

현재형에서 e모음이 변하는 강변화 동사는 명령형에서도 변화한 어간을 씁니다.

essen 먹다 (du isst)	**Iss viel Obst!** 과일 많이 먹어라.
sprechen 말하다 (du sprichst)	**Sprich bitte lauter!** 좀 크게 말해라.

sein, haben은 불규칙 형태로 암기해야 합니다.

sein	**Sei ruhig!** 조용히 있어라. 침착해라.
haben	**Hab keine Angst!** 두려워하지 마라.

● ihr 명령형

ihr는 생략하고 동사만 씁니다.

Geht ins Bett, Kinder! 얘들아, 침대로 가라.

Esst viel Obst! (너희들) 과일 많이 먹어라.

Wartet einen Moment! 잠깐 기다려.

Seid ruhig, Kinder! 얘들아, 조용히 있어라. 침착해라.

● 분리 동사의 명령형

분리 동사는 명령형에서도 분리 전철이 떨어져 문장 끝에 쓰입니다.

mitnehmen 가져가다, 데려가다 (du nimmst ... mit)

(du 명령형) **Nimm einen Regenschirm mit!** 우산 가져가라!

(ihr 명령형) **Nehmt einen Regenschirm mit!** (너희) 우산 가져가라!

anrufen 전화하다 (du rufst ... an)

(du 명령형) **Ruf mich morgen an!** 내일 내게 전화해.

 단어정리

das Wasser 물 | **das Bett** 침대 | **das Fenster** 창문 | **das Obst** 과일 | **laut** 소리가 큰 | **ruhig** 조용한, 침착한 |
der Regenschirm 우산

문·법·콕·콕

04
MP3 14_04

Ich freue mich auf den Ausflug.

나는 피크닉을 고대하고 있어.

재귀동사

sich freuen (기뻐하다)와 같이 재귀동사는 동사에 sich를 붙여 암기하고 주어에 맞게 sich를 변형시켜 사용해야 합니다.

재귀대명사

단수				복수 / 존칭 Sie	
	3격	4격		3격	4격
ich	mir	mich	wir	uns	uns
du	dir	dich	ihr	euch	euch
er			sie		
es	sich		sie	sich	
sie					
			Sie		

재귀동사 sich freuen 기뻐하다

Ich freue mich. 나는 기쁘다.

Freust du dich? 너 기쁘니?

Die Mutter freut sich. 어머니께서 기뻐하신다.

Wir freuen uns. 우리는 기쁘다.

Freut ihr euch? 너희들 기쁘니?

Die Kinder freuen sich. 아이들이 기뻐한다.

sich freuen은 함께 사용되는 전치사에 따라서 의미가 달라집니다.

> sich freuen über ~에 대해서 기뻐하다
>
> sich freuen auf (앞으로 올) ~을 고대하다

Er freut sich über das Geschenk. 그는 선물에 대해 기뻐한다.

Die Kinder freuen sich auf Weihnachten. 아이들이 크리스마스를 고대하고 있다.

sich setzen 앉다

Ich setze mich. 나는 앉는다.

Du setzt dich. 네가 앉는다.

Er setzt sich. 그가 앉는다.

Die Kinder setzen sich. 아이들이 앉는다.

sich waschen 씻다

Ich wasche mich. 나는 씻는다.

Du wäschst dich. 네가 씻는다.

Er wäscht sich. 그가 씻는다.

Das Kind wäscht sich. 그 아이가 씻는다.

Marie wäscht sich. Marie가 씻는다.

sich(3격) die Hände waschen 손을 씻다

Ich wasche mir die Hände. 나는 손을 씻는다.

Du wäschst dir die Hände. 너는 손을 씻는다.

Er wäscht sich die Hände. 그는 손을 씻는다.

Wir waschen uns die Hände. 우리는 손을 씻는다.

 단어정리

das Geschenk 선물 | **das Weihnachten** 크리스마스 | **die Hand, Hände** 손

회·화·술·술

MP3 14_05

A Wie ist das Wetter heute? Regnet es noch?

B Nein, es regnet nicht mehr.

A Ich muss jetzt in die Stadt fahren. Ich habe eine Verabredung.

B Aber nach der Wettervorhersage regnet es am Abend wieder.

A Dann nehme ich einen Regenschirm mit.

B Warte einen Moment! Ich bringe dir einen Regenschirm.

A Danke. Heute ist es nicht so kalt wie gestern.

B Ja, es ist wärmer als gestern. Hoffentlich bleibt es so.

A Ich freue mich schon auf den Ausflug.

B Ich auch. Ich hoffe, am Samstag ist das Wetter schön.

해석

A 오늘 날씨 어때? 아직 비가 오니?

B 아니야. 이제는 비 오지 않아.

A 나는 지금 시내에 가야 해. 약속이 있어.

B 그런데 일기예보에 따르면 저녁에 비가 다시 올 거야.

A 그러면 우산을 가져갈게.

B 잠깐 기다려. 내가 우산 가져다줄게.

A 고마워. 오늘은 어제만큼 춥지 않네.

B 그래. 어제보다 날씨가 따뜻해. 계속 이랬으면 좋겠어.

A 나는 벌써부터 피크닉 고대하고 있어.

B 나도 그래. 토요일에 날씨가 좋기를 바라고 있어.

패·턴·톡·톡

🎧 MP3 14_06

Heute regnet es.

오늘 비가 온다.

① **schneit es** 눈이 온다

② **ist es wolkig** 구름이 끼어 있다

③ **ist es sonnig** 해가 쨍쨍하다

④ **ist es heiß** 날이 덥다

⑤ **ist es kalt** 날이 춥다

🎧 MP3 14_07

Heute ist es kälter als gestern.

오늘이 어제보다 날이 더 춥다.

① **wärmer als** 어제보다 날이 더 따뜻하다

② **heißer als** 어제보다 날이 더 덥다

③ **so kalt wie** 어제만큼 춥다

④ **so heiß wie** 어제만큼 덥다

⑤ **nicht so kalt wie** 어제만큼 춥지 않다

⑥ **nicht so heiß wie** 어제만큼 덥지 않다

🎧 MP3 14_08

03

Minna, warte einen Moment!
미나, 잠깐 기다려!

① komm doch zu mir 내게로 좀 와 봐

② trink viel Wasser 물을 많이 마셔

③ fahr langsamer 좀 천천히 운전해

④ schlaf gut 잘 자

⑤ antworte mir 내게 답장해

⑥ iss viel Obst 과일 많이 먹어라

⑦ sprich bitte lauter 좀 크게 말해

⑧ sei ruhig 조용히 있어라

⑨ hab keine Angst 두려워하지 마

🎧 MP3 14_09

04

Ich freue mich schon auf den Ausflug.
나는 벌써 피크닉을 고대하고 있다.

① Wir freuen uns 우리는

② Die Kinder freuen sich 아이들은

③ Max freut sich 막스는

④ Du freust dich 너는

문·제·척·척

1 보기와 같이 형용사의 비교급을 넣어 보세요.

> **보기**
>
> schön – schöner

1 klein – _____

2 alt – _____

3 kalt – _____

4 warm – _____

5 heiß – _____

6 gut – _____

7 viel – _____

8 groß – _____

2 주어에 맞게 재귀대명사를 넣어 보세요.

> sich / mich / dich

1 Die Mutter freut _____ über das Geschenk.

2 Ich freue _____ auf die Winterferien.

3 Die Kinder freuen _____ auf Weihnachten.

4 Freust du _____ auf den Ausflug?

5 Ich wasche _____.

6 Er wäscht _____ die Hände.

3 괄호 안에 주어진 동사를 사용하여 du에 대한 명령형을 완성하세요.

1 _____ viel Milch! (trinken)

2 _____ nach Hause! (kommen)

3 _____ gut! (schlafen)

4 _____ mir! (antworten)

5 _____ nicht so viel Schokolade! (essen)

6 _____ ins Bett! (gehen)

7 _____ bitte leiser! (sprechen)

8 _____ einen Regenschirm _____! (mitnehmen)

4 비인칭주어 es를 사용하여 문장을 만들어 보세요.

1 비가 많이 온다. (viel)

_____

2 내일 눈이 온다. (morgen)

_____

3 오늘 날이 덥다.

_____

4 바람이 (많이) 분다.

_____

5 날이 따뜻하다.

_____

5 독일어로 문장을 만들어 보세요.

1 오늘 날씨가 어때?

_____

2 해가 빛나고 있어.

_____

3 Minna는 나와 나이가 같다.

_____

4 Minna는 너보다 나이가 많아.

_____

5 오늘은 어제보다 날이 더 춥다. (gestern)

_____

6 어제만큼 그렇게 덥지는 않아.

_____

7 내가 너에게 우산 하나를 가져다줄게. (bringen / einen Regenschirm)

_____

Ich höre gern Musik.

나는 음악을 즐겨 듣는다.

01

🎧
MP3 15_01

Haben Sie Hobbys?
- Ich lese gern Bücher.

취미가 있습니까? – 저는 책 읽는 것을 좋아합니다.

Was ist Ihr(/dein) Hobby? = Was sind Ihre(/deine) Hobbys? 당신은(/너는) 취미가 뭡니까?

Mein Hobby ist Klavier spielen. 내 취미는 피아노 연주입니다.

Was machen Sie (/machst du) in der Freizeit? 당신은 (/너는) 여가시간에 무엇을 합니까?

In der Freizeit arbeite ich gern im Garten. 여가시간에 나는 정원에서 일하는 것을 좋아합니다.

lesen (읽다) 현재형 (불규칙변화)

단수 주어		복수 주어 / 존칭 Sie	
ich	lese	wir	lesen
du	liest	ihr	lest
er/sie/es	liest	sie/Sie	lesen

Meine Mutter liest gern Bücher. 어머니는 책 읽기를 좋아하신다.

Liest du am Morgen Zeitung? 너는 아침에 신문을 읽니?

fernsehen (텔레비전을 보다) 현재형 (분리 동사 / 불규칙변화)

단수 주어		복수 주어 / 존칭 Sie	
ich	sehe … fern	wir	sehen … fern
du	siehst … fern	ihr	seht … fern
er/sie/es	sieht … fern	sie/Sie	sehen … fern

Siehst du abends gern fern? 너 저녁에 텔레비전 즐겨 보니?

In der Freizeit sehe ich oft fern. 나는 여가시간에 자주 텔레비전을 봅니다.

treffen (만나다) 현재형 (불규칙변화)

단수 주어		복수 주어 / 존칭 Sie	
ich	treffe	wir	treffen
du	triffst	ihr	trefft
er/sie/es	trifft	sie/Sie	treffen

Ich lese gern und treffe Freunde. 나는 책을 즐겨 읽고 친구들을 만난다.

Triffst du oft Freunde? 너는 자주 친구들을 만나니?

Paul trifft heute seinen Onkel. 파울은 오늘 그의 삼촌을 만난다.

취미 말하기

Mein Hobby ist Musik hören. Ich höre gern Musik. Ich mag Rockmusik.
내 취미는 음악 듣기야. 나는 음악을 즐겨 들어. 나는 록 음악을 좋아해.

Ich spiele mit meinen Freunden Fußball. 나는 친구들과 축구를 해.

Ich koche gern und gehe oft spazieren. 나는 요리를 즐겨 하고 자주 산책을 해.

Ich spiele gern Computerspiele. 나는 컴퓨터 게임을 즐겨해.

In der Freizeit surfe ich im Internet. 여가시간에 나는 인터넷 서핑을 해.

Ich gehe gern schwimmen(/einkaufen/shoppen).
나는 수영하러(/장 보러/ 쇼핑하러) 가는 것 좋아해.

Ich gehe gern ins Kino(/ins Theater/ins Konzert).
나는 영화관에 (/연극 보러/콘서트에) 가는 것 좋아해.

 단어정리

das Hobby. Hobbys 취미 | die Freizeit 여가시간 | der Garten 정원 | der Spaß 재미 | die Zeitung 신문 | spielen 놀다, 연주하다, (운동 경기를) 하다 | surfen 서핑하다 | das Konzert 콘서트

문·법·콕·콕

02

🎧 MP3 15_02

Ich fahre morgen zu meiner Oma, denn sie ist krank.

나는 내일 할머니께 가. 할머니께서 편찮으시기 때문이야.

등위(/대등/병렬) 접속사

und, aber, oder, denn, sondern은 등위접속사로서, 그 뒤에 이어지는 문장은 '접속사+주어+동사' 순서로 씁니다.

Ich lese Bücher und meine Frau surft im Internet.
나는 책을 읽고 있고 아내는 인터넷 서핑을 하고 있다.

Ich möchte viel reisen, aber ich habe keine Zeit. 나는 여행을 많이 하고 싶지만 시간이 없다.

denn (접속사) 왜냐하면 ~이기 때문이다

두 문장 사이에 콤마(,)를 넣습니다.

Ich mache am Freitagabend eine Party, denn ich habe Geburtstag.
나는 금요일 저녁에 파티를 한다. 생일이기 때문이다.

Ich trage eine Brille, denn ich sehe schlecht. 나는 안경을 쓴다. 눈이 좋지 않기 때문이다.

Wir müssen zu Fuß gehen, denn der Aufzug funktioniert nicht.
우리는 걸어가야 해. 엘리베이터가 작동하지 않기 때문이야.

의문문에서의 denn

의문문 중간에 오는 **denn**은 부사로서 우리말로 '도대체, 그런데' 정도의 의미입니다.

Was ist denn los? 대체 무슨 일이야?

Was liest du denn da? 너는 그런데 거기서 무엇을 읽고 있니?

접속사 weil 왜냐하면 ～이기 때문이다

weil은 종속접속사이기 때문에 동사가 문장의 끝에 위치합니다.

Ich kann heute nicht zu dir kommen, denn ich habe keine Zeit.

Ich kann heute nicht zu dir kommen, weil ich keine Zeit habe.
나는 오늘 시간이 없기 때문에 너에게 갈 수가 없어.

Paul bleibt heute zu Hause, denn er ist krank.

Paul bleibt heute zu Hause, weil er krank ist. 파울은 아프기 때문에 오늘 집에 머물러 있다.

 단어정리

die Oma (= die Großmutter) 할머니 ｜ krank 아픈 ｜ reisen 여행하다 ｜ der Aufzug 엘리베이터 ｜
funktionieren 작동하다 ｜ bleiben 머물다

03 | Man muss einmal umsteigen.

🎧 MP3 15_03

한 번 갈아타야 합니다.

조동사 müssen

단수 주어		복수 주어 / 존칭 Sie	
ich	muss	wir	müssen
du	musst	ihr	müsst
er/sie/es	muss	sie/Sie	müssen

müssen의 용법 (~해야 한다, ~하지 않을 수 없다)

Ich muss heute zum Arzt gehen. 나는 오늘 병원에 가야 해.

Musst du am Wochenende arbeiten? 너 주말에 일해야 하니?

Wir müssen jetzt nach Hause gehen. 우리는 지금 집에 가야 해.

Minna muss leider heute zu Hause bleiben, weil sie krank ist.
미나는 아프기 때문에 오늘 유감스럽게도 집에 있어야 한다.

einsteigen 타다 aussteigen 내리다 umsteigen 갈아타다

Steigen Sie auf Gleis 3 ein! 3번 승강장에서 승차하십시오.

Ich steige in Köln aus. 나는 쾰른에서 내린다.

분리동사도 조동사와 함께 올 때는 분리하지 않고 원형 형태로 옵니다.

(umsteigen 갈아타다) **Ich muss einmal umsteigen.** 나는 한 번 갈아타야 해.

(aufstehen 일어나다) **Müsst ihr morgen früh aufstehen?** 너희들 내일 일찍 일어나야 하니?

 단어정리

leider 유감스럽게도 | **einmal** 한 번 | **das Gleis** 선로, 승강장

04 Einmal nach Hannover, zweiter Klasse einfach, bitte!

MP3 15_04

하노버 행 한 장, 2등석 편도로 주세요.

기차 여행과 관련된 표현

erster Klasse 1등석	zweiter Klasse 2등석
einfach 편도	hin und zurück 왕복

Ich hätte gern ein Ticket nach Hannover. 하노버 행 티켓 한 장 사고 싶습니다.

einmal, zweimal, dreimal ......

기수에 **mal**을 붙이면 '~번, ~배'라는 의미의 부사가 됩니다.

열차표를 구입할 때는 einmal은 '한 장 (1인)', zweimal은 '두 장 (2인)'이라는 의미로 쓰입니다.

einmal 한 번, 1배의	zweimal 두 번, 두 배의	dreimal 세 번, 세 배의...
zehnmal 열 번, 열 배의...	hundertmal 백 번, 매우 빈번하게	

abfahren (출발하다) 현재형 (분리동사 / 불규칙 변화)

단수 주어		복수 주어 / 존칭 Sie	
ich	fahre ... ab	wir	fahren ... ab
du	fährst ... ab	ihr	fahrt ... ab
er/sie/es	fährt ... ab	sie/Sie	fahren ... ab

Fährst du morgen ab? 너 내일 출발하니?

Auf welchem Gleis fährt der Zug nach Kassel ab? – Auf dem Gleis 4.

카셀로 가는 열차는 어느 승강장에서 출발합니까? – 4번 승강장에서 출발합니다.

Wann fährt der nächste Zug nach Berlin ab? 베를린으로 가는 바로 다음 열차는 언제 출발합니까?

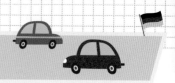

문·법·콕·콕

● nah(가까운)의 비교급과 최상급 nah – näher – nächst

● 최상급이 명사를 수식할 때는 정관사를 붙이고 형용사로서 어미 변화합니다.

der nächste Zug 가장 가까운 (가장 빨리 탈 수 있는) 기차

die nächste Straße links 왼쪽으로 바로 다음 도로

die nächste Station 바로 다음 역

das nächste Konzert 바로 다음 콘서트

● nächst가 요일, 주, 월, 년과 연결되는 경우에 전치사 없이 쓸 때는 관사가 붙지 않고 전치사와 함께 올 때는 대개 관사가 붙습니다. 아래 표현들을 암기해 두는 것이 좋습니다.

nächsten Montag = am nächsten Montag 다음 월요일에

nächste Woche = in der nächsten Woche 다음 주에

nächsten Monat = im nächsten Monat 다음 달에

nächstes Jahr = im nächsten Jahr 내년에

 단어정리

das Ticket 승차권 | **die Klasse** 학급, 등급 | **das Gleis** 레일, 선로 | **die Woche** 주 | **der Monat** (달력의) 달 | **das Jahr** 년(年), 해

🎧 MP3 15_05

A Was liest du denn?

B Ich lese einen neuen Roman von Herta Müller.

A Magst du Romane?

B Ja, ich lese gern Romane. Hast du Hobbys? Was machst du in der Freizeit?

A Am Wochenende schlafe ich lange und gehe spazieren.
Und manchmal spiele ich mit Freunden Fußball.

B Ich spiele auch gern Fußball. Was machst du am Samstag?

A Am Samstag fahre ich zu meiner Oma, denn sie ist krank.

B Wann kommst du zurück?

A Am Montag komme ich zurück.

A Guten Tag. Ich hätte gern ein Ticket nach Hannover.
Kann man direkt nach Hannover fahren oder muss man umsteigen?

B Man muss einmal in Kassel umsteigen.

A Wann fährt der nächste Zug ab?

B Der Zug fährt um 11.15 Uhr ab und kommt um 12.50 Uhr in Kassel an.
Und der Zug nach Hannover fährt um 13.25 Uhr von Kassel ab.

A Einmal zweiter Klasse einfach, bitte!

회·화·술·술

해석

A   너 그런데 무엇을 읽고 있니?

B   헤르타 뮐러의 새 소설 읽고 있어.

A   너 소설 좋아해?

B   응. 소설 읽는 것 좋아해. 너는 취미 있니? 여가시간에는 뭘 하니?

A   주말에는 오래 자고 산책을 해. 그리고 가끔 친구들과 축구를 해.

B   나도 축구 하는 것 좋아해. 토요일에 뭐하니?

A   토요일에 할머니께 가. 할머니께서 편찮으시기 때문이야.

B   언제 돌아오니?

A   월요일에 돌아올 거야.

–––––––––––––––––––––––––––––

A   안녕하세요. 하노버 행 티켓 사고 싶습니다.
    곧바로 하노버로 갈 수 있습니까, 아니면 갈아타야 합니까?

B   카셀에서 한 번 갈아타셔야 합니다.

A   바로 다음 기차는 언제 출발합니까?

B   11시 15분에 출발하고 12시 50분에 카셀에 도착합니다.
    그리고 하노버 행 기차가 13시 25분에 카셀에서 출발합니다.

A   2등석 편도 한 장 주세요.

패·턴·톡·톡

MP3 15_06

01   In der Freizeit mache ich gern Sport.
여가시간에 나는 운동을 즐겨 한다.

① schlafe ich lange 나는 오래 잔다

② höre ich gern Musik 나는 음악을 즐겨 듣는다

③ liest meine Mutter gern 어머니는 책을 즐겨 읽으신다

④ sieht mein Vater gern fern 아버지는 텔레비전을 즐겨 보신다

⑤ spielt Paul gern Computerspiele 파울은 컴퓨터 게임을 즐겨 한다

⑥ gehen wir gern schwimmen 우리는 수영하러 가는 것 좋아한다

MP3 15_07

02   Steigen Sie in Kassel aus!
카셀에서 내리십시오.

① Steigen Sie auf Gleis 5 ein! 5번 승강장에서 승차하십시오

② Steigen Sie in Kassel um! 카셀에서 갈아타십시오

③ Warten Sie einen Moment! 잠깐만 기다리십시오

④ Fahren Sie bitte langsamer! 좀 천천히 운전해 주십시오

⑤ Sprechen Sie bitte lauter! 좀 크게 말씀해 주십시오

🎧 MP3 15_08

03 **Ich muss morgen nach Kassel fahren, denn meine Oma ist krank.**

나는 내일 카셀에 가야 한다. 나의 할머니께서 편찮으시기 때문이다.

① Paul muss 파울은   seine 그의

② Minna muss 미나는   ihre 그녀의

③ Wir müssen 우리는   unsere 우리의

④ Ihr müsst 너희는   eure 너희의

⑤ Du musst 너는   deine 너의

🎧 MP3 15_09

04 **Nächsten Montag fliege ich nach Deutschland.**

다음 월요일에 나는 독일로 간다.

① Nächste Woche 다음 주에

② Nächsten Monat 다음 달에

③ Nächstes Jahr 내년에

문·제·척·척

1 괄호 안에 주어진 동사를 알맞은 형태로 넣어 보세요.

1 Mein Großvater _____ gern Bücher. (lesen)

2 Was _____ du denn da? (lesen)

3 _____ ihr am Abend Zeitung? (lesen)

4 _____ ihr oft _____? (fernsehen)

5 _____ du abends gern _____? (fernsehen)

6 _____ du oft Freunde? (treffen)

7 Wen _____ Paul heute? (treffen)

8 _____ du morgen _____? (abfahren)

9 Wann _____ der Zug nach Bonn _____? (abfahren)

10 Wo _____ ich umsteigen? (müssen)

11 _____ du morgen früh aufstehen? (müssen)

12 Herr Kim _____ auch am Samstag arbeiten. (müssen)

2 접속사 denn을 사용하여 두 문장을 연결하세요.

1 Ich habe keine Zeit. Ich kann heute nicht zu euch kommen.

_____

2 Paul muss zu Hause bleiben. Er ist krank.

_____

3 Der Aufzug funktioniert nicht. Wir müssen zu Fuß gehen.

_____

4 Es regnet. Ich gehe heute nicht spazieren.

_____

3 독일어로 문장을 만들어 보세요.

1 네 아버지는 텔레비전 즐겨 보시니?

_____

2 나는 자주 친구들과 축구를 한다. (oft / mit meinen Freunden / Fußball)

_____

3 나는 수영하러 가는 것 좋아해. (schwimmen)

_____

4 나는 여행을 많이 하고 싶지만 시간이 없다. (viel reisen / keine Zeit)

_____

5 나는 내일 할머니께 가. 할머니께서 편찮으시기 때문이야. (zu meiner Oma / denn)

_____

6 너는 병원에 가야 해. (müssen / zum Arzt)

_____

7 너희들 주말에 일해야 하니? (am Wochenende)

_____

8 우리는 지금 집에 가야 해. (jetzt / nach Hause)

_____

9 Berlin으로 가는 바로 다음 열차는 언제 출발합니까? (der nächste Zug nach Berlin)

_____

10 Berlin행, 2등석 왕복 한 장 주세요.

_____

11 Kassel에서 갈아타십시오.

_____

12 좀 크게 말씀해 주십시오. (lauter)

_____

Darf man hier parken?

여기에 주차해도 됩니까?

01

🎧
MP3 06_01

Kann ich bitte mit Frau Lehmann sprechen?

레만 씨와 통화할 수 있을까요?

전화 통화

Kann(/Könnte) ich bitte (mit) ~ sprechen? ~(누구)와 통화할 수 있을까요?

Ich möchte (mit) ~ sprechen. (누구)와 통화하고 싶습니다.

Hier (spricht) ~. 저는 ~(누구)입니다.

Wer ist (da) am Apparat? 지금 전화하시는 분(전화 받으시는 분)은 누구신가요?

= Mit wem spreche ich bitte? 제가 지금 통화하고 있는 분은 누구신가요?

~ ist zurzeit nicht am Platz. ~(누구)는 지금 자리에 안 계십니다.

Soll ich ihm (/ihr) etwas ausrichten? 그에게 (/그녀에게) 뭔가 전해 드릴까요?

Sie können ihm (/ihr) eine Nachricht hinterlassen. 그에게 (/그녀에게) 메시지 남기실 수 있습니다.

Sagen Sie ihm (/ihr) bitte, er (/sie) möchte mich sobald wie möglich anrufen.
가능하면 빨리 저에게 전화해 달라고 말씀 전해 주십시오.

Können Sie ihr sagen, sie soll mich zurückrufen? 저에게 전화해 달라고 좀 전해 주시겠습니까?

Bleiben Sie bitte am Apparat! Ich verbinde Sie mit Herrn(/Frau) ~.
끊지 말고 기다리십시오. ~(누구) 씨와 연결해 드리겠습니다.

Ich rufe nachher wieder an. 제가 나중에 다시 전화하겠습니다.

Auf Wiederhören! 안녕히 계세요.

könnte (조동사 können의 접속법2식 형태)

ich könnte	du könntest	er/sie/es könnte
wir könnten	ihr könntet	sie/Sie könnten

● könnte는 조동사 können의 접속법2식 형태입니다. können보다 공손한 표현을 할 때 쓸 수 있습니다.

● 접속법은 초보 단계에서는 어려운 문법이지만 일상적으로 쓰일 수 있는 **könnte, hätte, möchte**는 알아 두는 것이 좋습니다.

Könnte ich ~~? 제가 ~할 수 있을지요?

Könnten Sie mir bitte noch mal Ihren Namen sagen? 성함을 한 번 더 말씀해 주실 수 있을까요?

Könnten Sie Ihren Namen noch einmal wiederholen? Die Verbindung ist sehr schlecht. 성함을 한 번 더 반복해 주실 수 있을까요? 연결이 아주 좋지 않습니다.

 단어정리

der Apparat 기구, 전화기 ｜ **zurzeit** 지금 ｜ **ausrichten** 전하다 ｜ **hinterlassen** 뒤에 남기다 ｜ **zurückrufen** 응답전화하다 ｜ **nachher** 나중에 ｜ **anrufen** 전화하다 ｜ **wiederholen** 반복하다 ｜ **verbinden** 연결하다 ｜ **die Verbindung** 연결 ｜ **schlecht** 나쁜

02

🎧
MP3 16_02

Leider kann ich dir nicht helfen, weil ich zu meinen Eltern fahren muss.

부모님께 가야 하기 때문에 미안하지만 너를 도울 수 없어.

종속접속사

아래와 같은 종속접속사가 이끄는 문장은 부문장으로서 동사가 부문장의 끝에 위치합니다.

부문장이 주문장보다 앞에 위치할 경우에는 주문장이 '동사+주어'로 도치합니다.

wenn ~할 때, ~이라면	als ~했을 때
bevor ~하기 전에	nachdem ~한 후에
obwohl ~에도 불구하고	weil ~이기 때문에
während ~하는 동안에	ob ~인지 아닌지
dass (영어의 that절)	seit ~한 이래로
bis ~할 때까지	damit ~하기 위해서

weil ~이기 때문에

Ich gehe heute nicht zur Arbeit, weil ich krank bin. 나는 오늘 아프기 때문에 일하러 가지 않는다.

Max fährt heute mit der U-Bahn zur Arbeit, weil sein Auto eine Panne hat.
막스는 자동차가 고장 났기 때문에 오늘 지하철을 타고 일하러 간다.

Weil das Wetter heute schlecht ist, bleiben wir zu Hause.
오늘 날씨가 좋지 않기 때문에 우리는 집에 머물러 있다.

da ~이기 때문에

da도 weil과 같은 의미의 종속접속사로 사용됩니다. 주문장의 앞에 위치하는 경우가 많습니다.

Da ich Deutsch lerne, gehe ich in die Sprachschule. 나는 독일어를 배우기 때문에 학원에 간다.

Da mein Auto eine Panne hat, kann ich heute nicht zu dir fahren.
내 자동차가 고장이기 때문에 오늘 너에게 갈 수 없어.

부사 **da**는 '거기에, 그때'라는 의미입니다.

Was machst du denn da? 너 그런데 거기서 뭐 하니?

helfen (+ 3격) (~를 돕다) 현재형 (불규칙변화)

단수 주어		복수 주어 / 존칭 Sie	
ich	helfe	wir	helfen
du	hilfst	ihr	helft
er/sie/es	hilft	sie/Sie	helfen

Kannst du mir mal helfen? 나 좀 도와줄 수 있니?

Anna hilft dir immer. 안나가 항상 너를 돕는구나.

Wir helfen Ihnen gerne. 우리가 기꺼이 당신을 돕겠습니다.

 단어정리

die Arbeit 일 ┃ **schlecht** 좋지 않은, 나쁜 ┃ **die Panne** (자동차) 고장

03 Wann wollen Sie bei uns essen?

🎧 MP3 16_03

언제 우리 식당에서 식사하실 건가요?

조동사 wollen

단수 주어		복수 주어 / 존칭 Sie	
ich	will	wir	wollen
du	willst	ihr	wollt
er/sie/es	will	sie/Sie	wollen

조동사 **wollen**은 '~하고자 하다, ~하려고 하다'라는 의미로 의도나 의지를 표현할 때 사용합니다.

Ich will den neuen Film sehen. 나는 그 새 영화를 보려고 해.

Ich will dich nie wieder sehen. 나는 너를 다시는 보지 않겠다.

Mein Bruder will nicht studieren. 나의 오빠는 대학 공부를 하지 않으려고 한다.

Willst du mitkommen? 너 함께 갈래?

Wollen wir ins Kino gehen? 우리 영화관에 갈까?

Wollen wir beginnen? 우리 시작할까요?

의미가 확실한 경우에는 뒤에 오는 원형동사를 생략하고 조동사를 본동사로 쓸 수도 있습니다.

Das will ich nicht. 나는 그것을 원하지 않는다. (그렇게 하고 싶지 않다.)

Ich will ins Ausland. 나는 외국으로 가려고 한다.

Was willst du jetzt? 너는 지금 무엇을 원하니?

전치사 bei

① ~가까이에

Lena wohnt in Dachau bei München. 레나는 뮌헨 근처 다하우에 살고 있다.

② ~의 집에, ~회사에서, ~가 거주하거나 생활하는 영역에

Lena wohnt bei ihrer Oma. 레나는 할머니 댁에 산다.

Herr Geiger arbeitet bei Siemens. 가이거 씨는 지멘스에서 일하고 있다.

Wann wollen Sie bei uns essen? 언제 우리 식당에서 식사하실 건가요?

(bei uns는 '우리가 있는 곳에'라는 의미입니다. 여기에서는 '우리 식당에서'를 의미합니다.)

식당 예약

Ich möchte einen Tisch für Freitag um 19 Uhr reservieren.
금요일 19시로 테이블 하나를 (식사를) 예약하고 싶습니다.

Auf welchen Namen? 어떤 이름으로 할까요?

– **Ich möchte auf meinen Namen reservieren. Ich heiße ~.**
제 이름으로 예약하고 싶습니다. 제 이름은 ~입니다.

Für wie viele Personen möchten Sie reservieren? 몇 사람으로 예약하고 싶으십니까?

Ich möchte einen Fensterplatz. 저는 창가 자리가 좋겠습니다.

 단어정리

nie 한번도(전혀) ~하지 않다 │ **mitkommen** 함께 오다, 함께 가다 │ **das Ausland** 외국 │ **reservieren** 예약하다 │ **die Person** 개인, 인원

04 Im Restaurant darf man nicht rauchen.

🎧 MP3 16_04

레스토랑에서는 담배를 피우시면 안 됩니다.

조동사 dürfen

단수 주어		복수 주어 / 존칭 Sie	
ich	darf	wir	dürfen
du	darfst	ihr	dürft
er/sie/es	darf	sie/Sie	dürfen

dürfen의 용법

① 허가: ～해도 좋다

Darf man hier parken? 이곳에 주차해도 됩니까?

Darf ich rauchen? 담배 피워도 됩니까?

Dürfen wir uns an diesen Tisch setzen? 우리가 이 탁자에 앉아도 됩니까?

② 금지 (nicht dürfen): ～하면 안 된다

Man darf nicht hereinkommen. 들어가면 안 됩니다.

Hier darf man nicht rauchen. 이곳에서 담배 피우면 안 됩니다.

Im Museum darf man nicht fotografieren. 박물관에서 사진 촬영하면 안 됩니다.

③ 공손한 질문 (Darf ich ~?): 제가 ～해도 될까요?, ～할까요?

Was darf es sein? 무엇을 드릴까요? 도와드릴까요? (음식점, 상점 등에서 종업원이 하는 말)

Darf ich Ihnen helfen? 당신을 도와드릴까요?

Darf ich Ihren Mantel nehmen? 외투를 받아 드릴까요?

다른 조동사들과 마찬가지로 **dürfen**도 단독으로 사용되는 경우가 있습니다. 예를 들어 대화 중에 동사를 생략하고 '**Darf ich?**'라고 질문하면 이야기하고 있던 그것을 '제가 해도 될까요?'라는 의미가 됩니다.

> **Darfst du das?** 너 그것 해도 돼?
>
> **Das darf ich nicht.** 나 그것 하면 안 돼.
>
> **Darf ich mal durch?** 제가 좀 지나가도 될까요?
>
> **Ihr dürft jetzt nach Hause.** 너희 이제 집에 가도 좋다.

〈참고〉 **nicht müssen (= nicht brauchen zu Inf.)** ~할 필요 없다

nicht müssen은 '~할 필요 없다'라는 의미입니다.

nicht müssen보다 nicht brauchen zu Inf. 형태를 더 자주 사용합니다.

> **Sie müssen morgen nicht arbeiten. = Sie brauchen morgen nicht zu arbeiten.**
> 내일은 일 하실 필요 없습니다.
>
> **Du musst nicht kommen. = Du brauchst nicht zu kommen.**
> 너는 올 필요 없다.

 단어정리

parken 주차하다 | **rauchen** 담배 피우다 | **hereinkommen** 들어오다 | **fotografieren** 사진 찍다 | **sich setzen** 앉다

MP3 16_05

A   Hallo, Markus. Hier spricht Anna.

B   Hallo, Anna.

A   Hast du jetzt Zeit? Kannst du zu mir kommen?

   Mein Computer funktioniert nicht mehr richtig.

B   Tut mir leid.

   Aber ich kann dir nicht helfen, weil ich jetzt zu meinen Eltern fahren muss.

- -

A   Guten Tag! Kann ich einen Tisch reservieren?

B   Ja, klar. Wann möchten Sie bei uns essen?

A   Heute um sieben Uhr. Geht das?

B   Ja, es sind noch genug Tische frei.

   Für wie viele Personen möchten Sie reservieren?

A   Für drei, bitte.

B   Auf welchen Namen?

A   Auf meinen Namen, bitte. Ich heiße Lena Bauer.

   Ich möchte einen Fensterplatz.

B   In Ordnung.

A   Ich habe eine Frage. Darf man im Restaurant rauchen?

B   Nein, im Restaurant darf man nicht rauchen. Es ist verboten.

A 안녕, 마쿠스. 나 안나야.

B 안녕, 안나.

A 너 지금 시간 있니? 내게 올 수 있어? 컴퓨터가 더 이상 제대로 작동하질 않아.

B 미안해. 지금 부모님께 가야 하기 때문에 너를 도와줄 수가 없네.

————————————————

A 안녕하세요. 예약할 수 있을까요?

B 예, 물론이지요. 언제 우리 식당에서 식사하실 건가요?

A 오늘 7시요. 될까요?

B 네, 아직 자리가 충분히 비어 있습니다. 몇 분으로 예약하시겠습니까?

A 세 사람입니다.

B 어느 이름으로 예약할까요?

A 제 이름으로 해 주세요. 저는 레나 바우어입니다. 창가 자리면 좋겠습니다.

B 네, 다 되었습니다.

A 물어볼 것이 있는데요. 레스토랑에서 담배 피워도 되나요?

B 아니요. 레스토랑에서 담배를 피우시면 안 됩니다. 그것은 금지되어 있습니다.

MP3 16_06

01

Ich möchte einen Tisch für Freitag um 19 Uhr reservieren.

금요일 19시로 식사 예약하고 싶습니다.

① Ich möchte   Samstag um 18.30 Uhr reservieren.

토요일 18시30분으로 식사 예약하고 싶습니다.

② Kann ich   Mittwoch um 17.30 Uhr reservieren?

수요일 17시 30분으로 식사 예약할 수 있습니까?

③ Könnte ich   Donnerstag um 19.30 Uhr reservieren?

목요일 19시 30분으로 식사 예약할 수 있을까요?

MP3 16_07

02

Leider kann ich dir nicht helfen, weil ich zu meinen Eltern fahren muss.

부모님께 가야 하기 때문에 미안하지만 너를 도울 수 없어.

① heute ins Kino gehe 오늘 극장에 가기 때문에

② sehr müde bin 내가 매우 피곤하기 때문에

③ für die Prüfung lernen muss 시험을 위해 공부해야 하기 때문에

④ heute zu Hause bleiben muss 오늘은 집에 있어야 하기 때문에

03

Hier darf man nicht rauchen.

여기에서 담배 피우면 안 된다.

① **fotografieren** 사진 찍으면

② **telefonieren** 통화하면

③ **parken** 주차하면

④ **schwimmen** 수영하면

⑤ **laut sprechen** 큰 소리로 이야기하면

MP3 16_09

04

Wann wollen Sie bei uns essen?

언제 우리 식당에서 식사하시겠습니까?

① **zu uns kommen** 우리에게 오시겠습니까

② **beginnen** 시작하시겠습니까

③ **vorbeikommen** 들르시겠습니까

④ **es abholen** 그것을 가져가시겠습니까

1 동사 helfen을 알맞은 형태로 넣어 보세요.

1 Meine Schwester _____ mir immer.

2 _____ ihr euren Eltern?

3 _____ du deiner Mutter?

4 _____ Sie mir, bitte!

5 Wir _____ euch gern.

6 Ich _____ oft meinem Großvater.

2 보기와 같이 종속접속사 weil을 사용하여 하나의 문장으로 연결하세요.

> **보기**
>
> Ich muss Geld verdienen. Ich arbeite.
> → Ich arbeite, weil ich Geld verdienen muss.

1 Wir können nicht anfangen. Unser Lehrer ist noch nicht da.

→ _____

2 Ich kann keine E-Mails schreiben. Ich habe keine Zeit.

→ _____

3 Die Jacke ist zu teuer. Ich kaufe die Jacke nicht.

→ _____

4 Ich möchte den neuen Film sehen. Ich gehe heute ins Kino.

   → _____

5 Es ist schon spät. Ich muss nach Hause gehen.

   → _____

3 조동사 wollen과 dürfen을 알맞은 형태로 넣어 보세요.

1 Im Sommer _____ ich nach Deutschland reisen. (wollen)

2 Meine Schwester _____ in Deutschland studieren. (wollen)

3 _____ du das Auto kaufen? (wollen)

4 _____ ihr mitkommen? (wollen)

5 _____ man hier rauchen? (dürfen)

6 Du _____ hier fotografieren. (dürfen)

7 _____ ich hereinkommen? (dürfen)

4 독일어로 문장을 만들어 보세요.

1 저는 Minna입니다. Lena와 통화하고 싶습니다.

_____

2 지금 전화하시는 분(전화 받으시는 분)은 누구신가요? (am Apparat)

_____

3 나는 아프기 때문에 집에 머물러 있다. (weil)

_____

4 금요일 19시로 테이블 하나를 (식사를) 예약하고 싶습니다. (für Freitag um 19 Uhr)

_____

5 이곳에 주차해도 됩니까? (parken)

_____

6 박물관에서 사진 촬영하면 안 됩니다. (im Museum)

_____

7 레스토랑에서 담배 피우시면 안 됩니다. (im Restaurant / rauchen)

_____

Haben Sie ein Zimmer frei?

빈방있습니까?

01 Haben Sie ein Zimmer für zwei Personen frei?

🎧 MP3 17_01

두 사람이 묵을 빈 방이 있습니까?

frei 자유로운, 비어 있는, (다른 사람이) 사용하지 않는

Haben Sie ein Zimmer für zwei Personen frei? 두 사람을 위한 빈 방 있습니까?

Wir haben ein Zimmer noch frei. 빈 방이 하나 있습니다.

Ist dieser Platz noch frei? 이 자리가 아직 비어 있습니까? (앉아도 됩니까?)

Ist dieser Tisch noch frei? 이 탁자가 아직 비어 있습니까?

Ist hier noch frei? 여기가 아직 비어 있습니까?

– **Ja, nehmen Sie Platz, bitte.** 예, 앉으십시오.

– **Nein, leider ist hier reserviert.** 아닙니다. 죄송하지만 여기는 예약되어 있습니다.

– **Nein, leider ist der Platz schon besetzt.** 아닙니다. 그 자리는 벌써 누가 있습니다.

호텔에서 방 구하기

Wir brauchen ein Zimmer für heute Nacht. Haben Sie noch ein Einzelzimmer (/ ein Doppelzimmer) frei? 오늘 밤 묵을 방이 필요합니다. 1인실 (/ 2인실) 빈 방 있습니까?

Leider sind wir voll belegt. 죄송하지만 모든 방이 찼습니다.

Leider ist das Hotel völlig besetzt. 죄송하지만 호텔이 완전히 차 있습니다.

Ich möchte vom 1. bis zum 3. Oktober ein Doppelzimmer reservieren.
10월 1일부터 3일까지 2인실 하나 예약하고 싶습니다.

Was kostet das Zimmer für eine Nacht? 그 방은 1박에 얼마인가요?

Ist das Frühstück im Preis inbegriffen? 아침식사는 가격에 포함되어 있습니까?

Ich bleibe eine Nacht. Ich reise morgen früh ab. 저는 하룻밤 묵습니다. 내일 일찍 출발합니다.

 단어정리

voll 가득 찬, 완전한 | voll belegt 꽉 찬 | völlig 완전한 | besetzt (자리가) 채워진 | das Frühstück 아침식사 |
der Preis 가격 | inbegriffen 포함된

02 Ich glaube, dass es Ihnen gefällt.

MP3 17_02

그것이 당신 마음에 드실 것이라고 생각합니다.

종속접속사 dass

종속접속사 dass는 그 자체로 특별한 의미를 갖고 있진 않고 부문장을 이끌어 주는 역할을 합니다.
dass가 이끄는 문장은 부문장이기 때문에 동사는 맨 뒤에 위치합니다.

① Es …, dass …

Es ist wichtig, dass du jeden Tag Deutsch lernst. 네가 매일 독일어를 공부하는 것이 중요하다.

Es ist schade, dass ihr nicht kommen könnt. 너희가 올 수 없다는 것이 유감이다.

Es ist gefährlich, dass man ohne Helm Fahrrad fährt.
헬멧 쓰지 않고 자전거를 타는 것은 위험하다.

② 동사의 목적절 역할

Ich hoffe, dass du einen Arbeitsplatz findest. 네가 일자리를 찾기를 바랄게.

Er hofft, dass er viel Geld verdient. 그는 돈을 많이 벌기를 희망하고 있다.

Ich wünsche, dass morgen Paul pünktlich kommt. 내일 파울이 정시에 오기를 바라고 있다.

Die Eltern erlauben, dass die Kinder ins Theater gehen.
아이들이 극장에 가는 것을 부모님들이 허락한다.

③ 생각, 소원, 느낌을 나타내는 동사 뒤에 오는 진술

Ich glaube, dass es heute regnet. 오늘 비가 올 것이라고 생각해.

Erika glaubt, dass ihre Eltern sie nicht verstehen.
에리카는 부모님이 자기를 이해하지 못한다고 생각한다.

Julia denkt, dass sie nicht reich genug ist. 율리아는 자기가 충분히 부유하지 않다고 생각한다.

Findet ihr, dass ihr zu viel arbeitet? 너희들은 너무 많이 일한다고 생각하니?

문·법·콕·콕

생각, 느낌을 나타내는 동사 뒤에 오는 **dass**는 생략될 수 있습니다. **dass**가 생략되면 부문장이 아니기 때문에 동사가 뒤에 위치하지 않고 '주어+동사'의 정치 문장으로 연결됩니다.

Ich glaube, das ist wichtig. 내가 생각하기에는 그것이 중요해.

Ich finde, das ist unwichtig. 나는 그것이 중요하지 않다고 생각해.

Ich denke, das ist egal. 나는 마찬가지라고 (어떻게든 상관없다고) 생각해.

 단어정리

wichtig 중요한 | **schade** 유감스러운 | **gefährlich** 위험한 | **der Helm** 헬멧 | **der Arbeitsplatz** 일자리, 직장 |
verdienen 벌다 | **reich** 부유한 | **genug** 충분한 | **egal** 상관없는, 마찬가지인

03 Das Zimmer wird Ihnen gefallen.

MP3 17_03

방이 당신 마음에 들 것입니다.

werden 현재형 (불규칙 변화)

단수 주어		복수 주어 / 존칭 Sie	
ich	werde	wir	werden
du	wirst	ihr	werdet
er/sie/es	wird	sie/Sie	werden

미래형 'werden ... Inf.'

미래형은 werden동사를 주어에 맞춰 현재형으로 변화시키고 문장 끝에 동사원형을 두어 'werden + ... Inf.'의 형태로 씁니다.

① 미래

– 앞으로 일어날 일을 미래형으로 표현할 수 있습니다.

Wirst du nicht in den Urlaub fahren? 너는 휴가 가지 않을 거니?

Werdet ihr uns abholen? 너희가 우리를 데리러 올 거니?

Es wird am Abend regnen. 저녁에 비가 올 거야.

Ich glaube, dass es Ihnen gefallen wird. 그것이 당신 마음에 드실 것이라고 생각합니다.

– 문장 안에 미래를 나타내는 부사가 있을 경우에는 미래형을 사용하지 않고 현재형으로 미래를 나타낼 수 있습니다.

Ich werde nächstes Jahr nach Spanien fliegen.

→ Ich fliege nächstes Jahr nach Spanien. 나는 내년에 스페인으로 간다.

Ich werde morgen früh aufstehen.

→ Ich stehe morgen früh auf. 나는 내일 일찍 일어난다.

문·법·콕·콕

② 약속이나 의도, 현재에 대한 추측을 미래형으로 표현할 수 있습니다.

Er wird nächsten Monat vielleicht ein Auto kaufen. 그는 아마 다음 달에 자동차를 살 거야.

Thomas wird noch etwas Zeit brauchen. 토마스는 아직 약간의 시간이 필요할 거야.

Paula wird im Garten sein. 파울라는 정원에 있을 거야.

● werden이 단독으로 본동사로 쓰일 때는 '(무엇이) 되다', '(어떻게)되다'라는 의미입니다.

Wie wird man Arzt? 어떻게 의사가 되나요?

Er wird bald gesund. 그는 곧 건강해진다. (건강해질 것이다.)

Das Wetter wird schlechter. 날씨가 더 나빠진다.

〈참고〉 인칭대명사와 명사의 순서

① 명사는 '1격 + 3격 + 4격' 순서로 씁니다.

Bringt der Kellner dem Gast das Bier? 웨이터가 손님에게 맥주를 가져다줍니까?

② 인칭대명사는 '1격 + 4격 + 3격' 순서로 씁니다.

Bringt er es ihm? 그가 그것을 그에게 가져다줍니까?

Gefällt es Ihnen? 그것이 (당신에게) 마음에 드십니까?

Gehört es dir? 그것이 네 것이니?

Wann schickst du dem Lehrer den Brief? 너 선생님께 그 편지를 언제 보내니?

– **Heute schicke ich ihn ihm.** 오늘 그에게(선생님께) 그것을 보낼 거야.

Wann gibst du mir das Buch zurück? 그 책을 나에게 언제 돌려줄 거야?

– **Morgen gebe ich es dir zurück.** – 내일 그것을 너에게 돌려줄게.

③ 인칭대명사와 명사가 이어서 나오는 경우에는 격에 관계없이 대명사가 명사 앞에 옵니다.

Gefällt Ihnen das Zimmer? 그 방이 (당신에게) 마음에 드십니까?

Gehört dir das Auto? 그 자동차가 너의 것이니?

 단어정리

der Urlaub 휴가 | abholen 데리러오다 | aufstehen 일어나다 | fliegen 날다, (비행기를 타고) 가다 | gesund 건강한 | schicken 보내다 | zurückgeben 돌려주다

04

🎧
MP3 17_04

Gibt es in der Nähe keinen Supermarkt?
-Doch, neben dem Hotel gibt es einen.

근처에 슈퍼마켓은 없나요? – 아니요. 호텔 옆에 하나 있습니다.

● ## ja / nein

의문사가 없는 의문문에 부정하는 말이 들어있지 않을 경우에, '그렇다'라고 답할 때는 Ja, '아니다'
라고 답할 때는 Nein을 사용합니다.

Hast du einen Stadtplan? 도시 지도 가지고 있니?

– **Ja, ich habe einen (Stadtplan).** 가지고 있어.

– **Nein, ich habe keinen (Stadtplan).** 갖고 있지 않아.

● ## nein / doch

의문사가 없는 의문문에서 그 안에 'nicht, kein-' 등 부정의 말이 들어 있을 경우에, 대답에서 질
문과 똑같이 부정하면서 답할 때는 Nein, 질문과 반대로 긍정의 답을 할 때는 Doch를 사용합니다.

Hast du keinen Stadtplan? 도시 지도 갖고 있지 않니?

– **Doch, ich habe einen (Stadtplan).** 가지고 있어.

– **Nein, ich habe keinen (Stadtplan).** 갖고 있지 않아.

Arbeiten Sie morgen nicht? 내일 일하지 않습니까?

– **Doch, ich arbeite morgen.** 내일 일합니다.

– **Nein, ich arbeite morgen nicht.** 내일 일하지 않습니다.

문·법·콕·콕

'(k)ein–'의 대명사적 용법: (k)einer / (k)eins / (k)eine

'ein+명사'를 대명사로 받을 경우에는 인칭대명사가 아니라 다음 표에서와 같은 'ein–'의 대명사적 용법을 사용해야 합니다. 부정관사와 형태가 다른 남성 1격, 중성 1격과 4격 형태 변화에 유의해야 합니다.

'kein+명사'는 'keiner, keine, keins …'가 됩니다.

	m.	f.	n.	Pl.
1격	einer / keiner	eine / keine	eins / keins	keine
4격	einen / keinen	eine / keine	eins / keins	keine
3격	einem / keinem	einer / keiner	einem / keinem	keinen

Brauchst du ein Fahrrad? 너 자전거가 필요하니?

– **Ja, ich brauche eins.** (← **ein Fahrrad**) 그래. 자전거가 (하나) 필요해.

– **Nein, ich brauche keins.** (← **kein Fahrrad**) 아니. 자전거 필요하지 않아.

Kaufst du heute eine neue Tasche? 너 오늘 새 가방을 사니?

– **Ja, ich kaufe eine.** (← **eine Tasche**) 그래. 하나 살 거야.

– **Nein, ich kaufe keine.** (← **keine Tasche**) 아니. 사지 않을 거야.

Hast du keinen Stadtplan? 너 도시 지도가 없니?

– **Nein, ich habe keinen.** (← **keinen Stadtplan**) 도시 지도가 없어.

– **Doch, ich habe einen.** (← **einen Stadtplan**) 도시 지도 갖고 있어.

Brauchst du kein Auto? 너 자동차가 필요하지 않니?

– **Nein, ich brauche keins.** (← **kein Auto**) 아니. 필요하지 않아.

– **Doch, ich brauche eins.** (← **ein Auto**) 자동차 필요해.

 단어정리

der Stadtplan 도시 지도

회·화·술·술

🎧 MP3 17_05

A Haben Sie ein Zimmer für zwei Personen frei?

B Ja. Wir haben noch zwei Doppelzimmer frei, im ersten und im vierten Stock.

A Ich nehme das Zimmer im vierten Stock.

B Wie lange möchten Sie in unserem Hotel bleiben?

A Wir bleiben zwei Nächte. Wir reisen übermorgen früh ab.

B Sie bekommen das Zimmer Nr. 412 im vierten Stock. Ich glaube, dass es Ihnen gefallen wird. Das Zimmer kostet pro Nacht 85 Euro.

A Ist das Frühstück im Preis inbegriffen?

B Ja, natürlich. Weisen Sie bitte Ihren Personalausweis vor und füllen Sie ein Anmeldeformular aus!

A Ich habe noch eine Bitte. Können Sie mich morgen um halb sieben wecken?

B Ja, das Zimmermädchen weckt Sie morgen früh. Haben Sie noch Fragen?

A Gibt es in der Nähe keinen Supermarkt?

B Doch, neben dem Hotel gibt es einen. Den können Sie leicht finden. Alles in Ordnung. Hier ist der Schlüssel.

해석

A 두 사람이 묵을 방 하나 비어 있는 것 있나요?

B 네. 2인실 두 개가 비어 있습니다. 2층과 5층입니다.

A 5층 방으로 하겠습니다.

B 저희 호텔에 얼마나 머무르십니까?

A 이틀 숙박합니다. 내일 모레 아침에 출발합니다.

B 5층에 412호입니다. 마음에 드실 거라고 생각합니다. 방은 1박에 85유로입니다.

A 아침 식사는 가격에 포함되어 있습니까?

B 네, 물론입니다. 신분증 보여주시고 신고서식에 기입해 주십시오.

A 부탁이 있는데요. 내일 아침 6시 반에 깨워 주실 수 있을까요?

B 네, 메이드가 내일 아침에 깨워 드릴 겁니다. 또 물어볼 것 있으신가요?

A 근처에 슈퍼마켓은 없나요?

B 아니요. 호텔 옆에 슈퍼마켓이 있습니다. 쉽게 찾으실 수 있습니다.
다 되었습니다. 여기 열쇠 있습니다.

MP3 17_06

 Haben Sie ein Zimmer für zwei Personen frei?

두 사람이 묵을 빈 방 하나 있습니까?

① ein Doppelzimmer 2인실 하나

② ein Einzelzimmer für heute Nacht 오늘 밤 묵을 1인실 하나

③ ein Zimmer mit Bad 욕실 딸린 방 하나

④ ein Dreibettzimmer 침대 셋 있는 방 하나

MP3 17_07

 Ich glaube, das ist wichtig.

내가 생각하기에는 그것이 중요해.

① Er findet 그가 생각하기에는

② Sie denkt 그녀가 생각하기에는

③ Ich meine 내가 생각하기에는

🎧 MP3 17_08

03

Ich glaube, dass es heute regnet.

나는 오늘 비가 올 것이라고 생각해.

① mich meine Eltern gut verstehen 부모님이 나를 잘 이해한다고

② Paul nicht klug ist 파울이 영리하지 않다고

③ Paula zu viel arbeitet 파울라가 일을 너무 많이 한다고

④ dir das Geschenk gefällt 선물이 네 마음에 들 것이라고

🎧 MP3 17_09

04

Brauchst du keinen Stadtplan?
- Doch, ich brauche einen.

도시 지도 필요 없니? – 아니야, 필요해.

① kein Auto 자동차   eins

② keine Zwiebel 양파   eine

③ keinen Computer 컴퓨터   einen

④ kein Fahrrad 자전거   eins

⑤ keine Uhr 시계   eine

문·제·척·척

1 동사 werden을 적합한 형태로 넣어 보세요.

1 Ich _____ morgen erst spät aufstehen.

2 Es _____ bald schneien.

3 Wann _____ ihr abreisen?

4 Frau Lehmann _____ bald gesund.

5 Wann _____ du in den Urlaub fahren?

6 Wie _____ man Schriftstellerin?

2 다음 중 하나를 골라 넣으세요.

> einen, keinen, eins, keins, eine, keine

1 Hast du ein Auto? - Ja, ich habe _____ .

2 Gibt es hier keine Bank? - Doch, da gibt es _____ .

3 Suchst du einen Mantel? - Nein, ich suche _____ .

4 Wirst du eine Jacke kaufen? - Nein, ich kaufe _____ .

5 Braucht Anna kein Fahrrad? - Nein, sie braucht _____ .

6 Kaufen Sie keine Uhr? - Doch, ich kaufe morgen _____ .

7 Haben Sie einen Bruder? - Ja, ich habe _____ .

3 주어진 단어를 dass 문장 안에 넣어 문장을 연결하세요.

1 Ich glaube, dass _____.

   (Frau Lehmann - ist - sehr nett)

2 Findest du, dass _____?

   (ist - der Film – langweilig)

3 Es ist wichtig, dass _____.

   (man - hat - einen guten Freund)

4 Es ist schade, dass _____.

   (morgen - du - kannst - nicht kommen)

5 Ich wünsche, dass _____.

   (heute - Anna - kommt – pünktlich)

6 Julia denkt, dass _____.

   (diesen Sommer - sie - fährt - nicht in den Urlaub)

4   독일어로 문장을 만들어 보세요.

1 이 자리가 아직 비어 있습니까? (dieser Platz)

_____

2 1인실 빈 방 있습니까? (ein Einzelzimmer)

_____

3 그 방은 1박에 얼마인가요?

_____

4 그 방은 당신 마음에 들 것입니다. (미래형. wird / gefallen / Ihnen)

_____

5 내일 아침 6시 반에 저를 깨워 주실 수 있을까요? (mich / wecken)

_____

6 근처에 슈퍼마켓은 없나요? (in der Nähe)

_____

Die Zähne tun mir weh.

저는 이가 아픕니다.

문·법·콕·콕

01 | Was fehlt Ihnen?

🎧
MP3 18_01

몸이 어딘가 좋지 않으십니까?

● fehlen은 '결여되다, 부족하다'라는 원래의 의미에서 전의되어 '몸이 좋지 않으십니까?'라는 문장에 사용됩니다.

Was fehlt Ihnen? 몸이 뭔가 좋지 않으신가요?

Fehlt dir etwas? 너 몸이 뭔가 안 좋으니?

Du siehst nicht gut aus. Was fehlt dir denn? 너 얼굴이 좋지 않아 보인다. 어디가 좋지 않은 거니?

● 통증 표현

① Ich habe~

Ich habe Zahnschmerzen. 이가 아픕니다.

Ich habe Fieber. 열이 있습니다.

die Halsschmerzen 목 통증	die Kopfschmerzen 두통
die Magenschmerzen 위통	die Bauchschmerzen 복통
die Zahnschmerzen 치통	die Muskelschmerzen 근육통
der Durchfall 설사	die Erkältung 감기
der Husten 기침	das Fieber 열

② ~tut/tun mir weh.

Mein Kopf tut mir weh. 머리가 아픕니다.

Der Bauch tut mir weh. 배가 아픕니다.

Das rechte Ohr tut mir weh. 오른쪽 귀가 아픕니다.

Die Schultern tun mir weh. 어깨가 아픕니다.

Die Augen tun mir weh. 눈이 아픕니다.

신체 명칭

der Kopf 머리	das Haar, _e 머리카락	das Gesicht 얼굴
die Stirn 이마	das Auge, _n 눈	das Ohr, _en 귀
die Nase 코	der Mund 입	die Lippe, _n 입술
die Zunge 혀	der Hals 목	der Zahn, Zähne 치아
der Körper 몸	die Schulter, _n 어깨	die Brust 가슴
der Bauch 배	der Rücken 등	der Arm, _e 팔
die Hand, Hände 손	der Finger, _ 손가락	das Bein, _e 다리
das Knie, _ 무릎	der Fuß, Füße 발	die Zehe, _n 발가락
der Muskel 근육	das Herz 심장	die Lunge 폐
der Magen 위		

 단어정리

recht 오른쪽의 (↔ link 왼쪽의) | weh 아픈 | ~(3격) weh tun ~에게 고통을 주다, ~가 아프다

02 | Ich fühle mich nicht wohl.

🎧 MP3 18_02

몸이 좋지 않은 느낌입니다.

재귀동사 sich fühlen (느끼다)

ich fühle mich~	du fühlst dich~
er/sie fühlt sich~	wir fühlen uns~
ihr fühlt euch	sie/Sie fühlen sich~

Wie fühlen Sie sich? 기분이 (/몸 상태가) 어떠세요?

Ich fühle mich nicht gut (/nicht wohl). 몸이 좋지 않은 느낌입니다.

Ich fühle mich krank. 아픈 기분이 듭니다.

Fühlst du dich schlecht? 몸이 좋지 않은 느낌이 드니?

병원 예약

Ich möchte gern einen Sprechstundentermin vereinbaren. 진찰 시간을 잡고 싶습니다.

Wann möchten Sie einen Termin ausmachen? 언제 예약을 잡고 싶으신가요?

Wann wollen Sie zu uns kommen? 언제 우리에게 오실 건가요?

Haben Sie am Mittwoch noch einen Termin frei? 수요일에 예약 시간 비어 있나요?

Ich möchten den Termin ändern. 예약 시간을 변경하고 싶습니다.

Ich möchte den Termin bitte verschieben. 예약 시간을 연기하고 싶습니다.

Kann ich den Termin auf Donnerstag verschieben? 예약 시간을 목요일로 연기할 수 있을까요?

Ich muss/möchte den Termin absagen. 제가 예약 시간을 취소해야 합니다. / 취소하고 싶습니다.

 단어정리

die Sprechstunde 면담 시간, 진찰 시간 | der Termin 약속 시점, 기한 | ausmachen 약정, 협정하다 |
vereinbaren 협정하다 | ändern 고치다, 변경하다 | verschieben 미루다, 연기하다 | absagen 취소하다

03 | Warst du schon beim Arzt?

너 병원에 갔었니?

부정형		sein	haben
과거형		war	hatte
ich	–	war	hatte
du	–st	warst	hattest
er/sie/es	–	war	hatte
wir	–(e)n	waren	hatten
ihr	–t	wart	hattet
sie / Sie	–(e)n	waren	hatten

● 현재보다 앞선 시제는 과거형과 현재완료형 두 가지가 있습니다.

● sein 동사와 haben 동사의 과거형은 불규칙 변화이므로 암기해야 합니다.

● 과거형은 위의 표에서와 같이 인칭에 따라 'ich –, du –st, er –, wir –(e)n, ihr –t, sie –(e)n'
의 어미를 붙여 변화시킵니다. 특히 ich와 3인칭 단수에서 어미가 붙지 않고 기본 과거형 그대로
쓰는 것에 주의해야 합니다.

● **sein 동사의 과거형 war**

Wo warst du gestern? 어제 어디 있었니? (어디 갔었니?)

Wart ihr gestern Abend im Kino? 너희들 어제 저녁에 극장에 갔었니?

Waren Sie schon einmal in Deutschland? 독일에 한 번 있었던 적이 있나요? (가 본 적이 있나요?)

Ich war schon einmal in Deutschland. 나는 벌써 한 번 독일에 갔었다.

Gestern waren wir zu Hause. 어제 우리는 집에 있었어.

Minna war letztes Jahr in Deutschland. 미나는 작년에 독일에 있었다.

Am Wochenende war das Wetter gut. 주말에 날씨가 좋았어.

● haben 동사의 과거형 hatte

Ich hatte heute Morgen keine Zeit. 나는 오늘 아침에 시간이 없었어.

Ich hatte einmal einen Hund. 나는 예전에 개를 한 마리 갖고 있었어.

Wir hatten einen schönen Urlaub. 우리는 멋진 휴가를 가졌어. (보냈어.)

Hattet ihr eine schöne Reise? 너희들 멋진 여행 했니?

Ich habe immer Glück. Aber heute hatte ich nur Unglück.
나는 항상 운이 좋다. 그러나 오늘은 불운한 일만 있었다.

Warst du gestern krank? Hattest du Kopfschmerzen?
어제 너 아팠니? 두통이 있었니?

 단어정리

der Hund 개 | **die Reise** 여행 | **das Glück** 행운 | **das Unglück** 불운

04

🎧
MP3 18_04

Die Tochter des Arztes ist eine Freundin von mir.

그 의사의 딸이 내 친구야.

정관사의 2격

	m.	f.	n.	Pl.
정관사 1격	der 명사(남성)	die 명사(여성)	das 명사(중성)	die 명사(복수)
4격	den 명사	die 명사	das 명사	die 명사
3격	dem 명사	der 명사	dem 명사	den 명사+n
2격	des 명사+(e)s/(e)n	der 명사	des 명사+(e)s	der 명사

명사의 2격

여성명사와 복수는 2격에서 명사 형태는 변화하지 않고 관사만 바뀝니다.

    (die Lehrerin) **der Sohn der Lehrerin** 그 여선생님의 아들

    (das Kind, Kinder) **die Eltern der Kinder** 그 아이들의 부모님

중성명사의 2격형은 관사가 변화하고, 명사에도 '_(e)s'를 붙입니다.

    (das Kind) **die Mutter des Kindes** 그 아이의 어머니

남성명사의 2격형은 관사가 변화하고 명사에 따라 '_(e)s', 또는 '_(e)n'을 붙입니다.

    (der Lehrer) **die Tochter des Lehrers** 그 선생님의 딸

    (der Polizist) **das Auto des Polizisten** 그 경찰관의 자동차

명사의 뒤에 연결된 2격형은 소유를 의미합니다.

    Wie heißt die Tochter des Arztes? 그 의사의 딸 이름이 뭐지?

    Wie alt ist der Sohn des Lehrers? 그 선생님의 아들은 몇 살이니?

문·법·콕·콕

Da kommt die Mutter des Kindes. 저기 그 아이의 어머니가 오고 있다.

Der Onkel der Studentin ist sehr reich. 그 여대생의 삼촌이 아주 부자이다.

Das sind die Bücher der Studentinnen. 그것은 그 여대생들의 책들이다.

Das ist die Katze des Nachbarn. 그것은 이웃사람의 고양이이다.

전치사 von

– 3격 지배 전치사 von은 '~로부터'라는 뜻입니다.

Der Zug fährt von Hamburg ab. 기차가 함부르크로부터 출발한다.

– 시간적 의미로는 '~(언제)부터'라는 뜻입니다.

Der Film dauert von 11.30 Uhr bis 13.40 Uhr. 영화는 11시 반부터 13시 40분까지 계속된다.

– 구어체에서 'von+3격'은 소유를 의미하는 표현으로 자주 쓰입니다.

Das ist ein Freund von mir. 그는 내 친구 중 하나야.

Das ist das Auto von Alex. 그것이 알렉스의 자동차야.

 단어정리

der Polizist 경찰관 | die Katze 고양이 | der Nachbar 이웃사람

🎧 MP3 18_05

A Du siehst nicht gut aus. Was fehlt dir denn?

B Ich fühle mich nicht wohl. Seit vorgestern Abend tun mir die Zähne weh.
Gestern hatte ich sogar Fieber.

A Warst du schon beim Zahnarzt?

B Nein, gestern hatte ich keine Zeit. Ich will nach der Vorlesung zum Arzt
gehen. Kannst du mir einen Zahnarzt empfehlen?

A Ja, in der Nähe gibt es eine Zahnarztpraxis. Der Arzt ist sehr nett.
Und du kennst schon Lea, oder? Lea ist die Tochter des Arztes.

B Wirklich? Dann werde ich am Nachmittag dorthin gehen.

A Du musst zuerst einen Termin bekommen.
Ich gebe dir die Telefonnummer.

B Danke. Ich muss jetzt in die Vorlesung gehen. Tschüss!

A Gute Besserung! Tschüss!

해석

A 너 얼굴이 좋지 않아 보인다. 어디가 아픈 거니?

B 몸이 좋지 않은 느낌이야. 그저께 저녁부터 이가 아파.
어제는 열까지 났어.

A 치과에는 갔었니?

B 아니. 어제는 시간이 없었어. 강의 후에 병원에 가려고 해.
나에게 치과의사를 추천해 줄 수 있니?

A 그래. 근처에 치과가 있어. 의사선생님이 아주 친절하셔.
그리고 너 레아 알지? 레아가 그 의사선생님의 딸이야.

B 정말? 그러면 오후에 그리로 갈게.

A 우선 진찰 예약 시간을 받아야 해. 너에게 전화번호를 줄게.

B 고마워. 이제 강의에 가야 해. 안녕!

A 빨리 낫길 바랄게! 안녕!

패·턴·톡·톡

🎧 MP3 18_06

01 **Ich habe Zahnschmerzen.**
나는 이가 아픕니다.

① Kopfschmerzen 머리가

② Bauchschmerzen 배가

③ Magenschmerzen 위가

④ Halsschmerzen 목이

🎧 MP3 18_07

02 **Mein Kopf tut mir weh.**
머리가 아픕니다.

① Das rechte Ohr tut 오른쪽 귀가

② Der Bauch tut 배가

③ Der linke Arm tut 왼쪽 팔이

④ Die Augen tun 눈이

⑤ Die Füße tun 발이

⑥ Die Beine tun 다리가

03 Ich war gestern beim Arzt.

어제 나는 병원에 갔었다.

① Er war　　　　　　　　im Kino 그는 극장에 갔었다

② Wir waren　　　　　　zu Hause 우리는 집에 있었다

③ Paula war　　　　　　im Büro 파울라는 사무실에 있었다

④ Ich war　　　　　　　im Konzert 나는 콘서트에 갔었다

⑤ Meine Eltern waren　in Zürich 내 부모님은 취리히에 있었다

MP3 18_09

04 Damals hatte ich keine Zeit.

그 당시에 나는 시간이 없었다.

① hatte Lea einen Hund 레아는 개를 갖고 있었다

② hatten wir ein großes Auto 우리는 큰 자동차를 갖고 있었다

③ hatten meine Eltern kein Geld 내 부모님은 돈이 없었다

④ hattest du eine Katze 너는 고양이를 갖고 있었어

⑤ hatte ich keinen Computer 나는 컴퓨터가 없었다

Lektion 18 Die Zähne tun mir weh. 저는 이가 아픕니다. | 251

1 sein 동사를 과거형으로 넣으세요.

1 Ich _____ schon beim Arzt.

2 _____ du schon einmal in Europa?

3 Wo _____ ihr gestern Abend?

4 _____ Sie gestern Abend zu Hause?

5 Herr Kim _____ letztes Jahr in Italien.

6 Gestern _____ das Wetter gut.

7 Wir _____ am Wochenende bei unseren Eltern.

2 haben 동사를 과거형으로 넣으세요.

1 Früher _____ ich ein schönes Haus.

2 _____ du gestern keine Zeit?

3 _____ ihr eine gute Reise?

4 _____ Sie Kopfschmerzen?

5 In Spanien _____ wir einen schönen Urlaub.

6 Max _____ damals nicht viel Geld.

3 독일어로 문장을 만들어 보세요.

1 너 안 좋아 보이는구나. (aussehen)

_____

2 저는 눈이 아픕니다.

_____

3 기분이 (/몸 상태가) 어떠세요?

_____

4 나는 두통이 있고 열이 난다.

_____

5 쾌유를 바란다!

_____

6 진찰(예약) 시간을 잡고 싶습니다. (einen Sprechstundentermin)

_____

7 그 여선생님의 아들은 몇 살이니? (die Lehrerin)

_____

8 그 아이들의 부모들은 언제 옵니까? (die Kinder)

_____

9 그 아이의 삼촌이 독일에 산다. (das Kind)

_____

10 그 선생님의 딸이 독일에서 공부하고 있다. (der Lehrer / studieren)

_____

Wir gehen ins Kino.

우리는 극장에 간다.

문·법·콕·콕

01 Das Café liegt neben dem Kino.

🎧 MP3 19_01

그 카페는 극장 옆에 있다.

3 · 4격 지배 전치사

in ~안에, ~안으로	**an** ~에, ~로	**auf** ~위에, ~위로
über ~위에, ~위로	**unter** ~아래에, ~아래로	**neben** ~옆에, ~옆으로
hinter ~뒤에, ~뒤로	**vor** ~앞에, ~앞으로	**zwischen** ~사이에, ~사이로

3 · 4격 지배 전치사들은 용법에 따라서 뒤에 명사나 대명사가 3격으로 쓰일 수도 있고 4격으로 쓰일 수도 있습니다. 정지된 위치를 의미할 때는 뒤에 3격이 쓰이고, 동작의 방향을 의미할 때는 뒤에 4격이 쓰입니다. 'in ~안에, ~안으로'의 예를 들어 보면 다음과 같습니다.

Er fährt in die Stadt. 그는 시내로 간다. (in+4격)

Er ist jetzt in der Stadt. 그는 지금 시내에 있다. (in+3격)

Er geht ins Cafe. 그가 카페로 들어간다. (in+4격)

Er sitzt im Cafe. 그는 카페에 앉아 있다. (in+3격)

'전치사+정관사'의 축약형

an dem = am	in dem = im	in das = ins	an das = ans
auf das = aufs	vor das = vors	über das = übers	

● 3 · 4격 지배 전치사 + 3격: 정지된 상태의 위치

(in)	**Herr Schmidt bleibt bis 20 Uhr im Büro.** 슈미트 씨는 20시까지 사무실에 있다.
	Er sucht Informationen im Internet. 그는 인터넷에서 정보를 찾고 있다.
(an)	**Das Bild hängt an der Wand.** 그림이 벽에 걸려 있다.
(auf)	**Die Vase steht auf dem Tisch.** 꽃병이 탁자 위에 놓여 있다.
	Dein Handy liegt auf dem Schreibtisch. 네 휴대폰은 책상 위에 있어.
(über)	**Das Bild hängt über dem Fernseher.** 그림이 텔레비전 위에 걸려 있다.
(unter)	**Die Katze schläft unter dem Tisch.** 고양이가 탁자 아래에서 자고 있다.
(neben)	**Treffen wir uns im Cafe neben dem Kino!** 극장 옆에 있는 카페에서 만나자.
(vor)	**Die Kinder spielen vor dem Haus.** 아이들이 집 앞에서 놀고 있다.
(hinter)	**Wir wohnen hinter dem Bahnhof.** 우리는 기차역 뒤에 살고 있다.
(zwischen)	**Zwischen dem Bett und dem Sessel steht ein Regal.** 침대와 안락의자 사이에 책꽂이가 있다.

 단어정리

das Büro 사무실 ｜ **die Information._en** 정보 ｜ **das Internet** 인터넷 ｜ **der Bahnhof** 기차역 ｜ **der Sessel** 1인용 안락의자

문·법·콕·콕

02

🎧 MP3 19_02

Ich fahre am Nachmittag in die Stadt.

나는 오후에 시내로 간다.

3, 4격 지배 전치사 + 4격: 동작의 방향

(in)	**Ich gehe jetzt in den Supermarkt.** 나는 지금 슈퍼마켓에 간다.
	Wir gehen heute ins Schwimmbad. 우리는 오늘 수영장에 간다.
(an)	**Sie hängt das Bild an die Wand.** 그녀는 그림을 벽에 건다.
	Wollen wir im Urlaub ans Meer fahren? 우리 휴가에 바다에 갈까?
(auf)	**Ich lege das Buch auf den Tisch.** 나는 책을 탁자 위로 놓는다.
(über)	**Er hängt das Bild über den Fernseher.** 그는 그림을 텔레비전 위로 건다.
(unter)	**Ich lege den Teppich unter das Sofa.** 나는 소파 아래로 그 카펫을 간다.
(neben)	**Er legt das Buch neben den Computer.** 그는 책을 컴퓨터 옆에 놓는다.
(vor)	**Er stellt sein Auto vor das Haus.** 그는 자동차를 집 앞에 세워 둔다.
(hinter)	**Er stellt den Koffer hinter die Tür.** 그는 트렁크를 문 뒤에 세워 둔다.
(zwischen)	**Ich stelle das Regal zwischen das Bett und den Sessel.** 나는 그 책꽂이를 침대와 안락의자 사이에 세워 둔다.

시간적인 개념의 경우: in/an/vor + 3격

im Frühling 봄에	im Sommer(/Herbst/Winter) 여름(/가을/겨울)에
im (Monat) Januar 1월에	im Februar 2월에
in der Nacht 밤에	in den Ferien 휴가(방학)에
am Morgen 아침에	am Vormittag 오전에
am Mittag 정오에	am Nachmittag 오후에
am Abend 저녁에	am Sonntag 일요일에
vor einem Jahr 1년 전에	vor zwei Jahren 2년 전에
vor dem Frühstück 아침 식사 전에	vor einer Stunde 한 시간 전에

요일 (전부 남성명사)

Sonntag 일요일   Montag 월요일   Dienstag 화요일   Mittwoch 수요일

Donnerstag 목요일   Freitag 금요일   Samstag(또는 Sonnabend) 토요일

월 이름 (전부 남성명사)

Januar 1월   Februar 2월   März 3월   April 4월

Mai 5월   Juni 6월   Juli 7월   August 8월

September 9월   Oktober 10월   November 11월   Dezember 12월

 단어정리

das Schwimmbad 수영장 ｜ **die Wand** 벽 ｜ **der Fernseher** 텔레비전 ｜ **das Meer** 바다 ｜ **der Teppich** 카펫

03 Hast du Lust, mit mir ins Schwimmbad zu gehen?

MP3 19_03

나랑 수영장 갈 마음 있니?

● **zu Inf.**

- zu와 동사의 부정형(원형)이 결합된 'zu Inf.'는 아래와 같은 용법으로 사용됩니다.
- 'zu Inf.' 구문에서 동사가 지배하는 명사, 목적어, 부사 등은 'zu Inf.' 앞쪽에 위치합니다.
- 주문장과 'zu Inf.' 구문 사이에 콤마(,)를 넣어도 되고 넣지 않아도 됩니다.

① 명사를 수식하는 'zu Inf.'

> Zeit haben ... zu Inf. ~할 시간이 있다
>
> Lust haben ... zu Inf. ~하고 싶은 기분(욕구)이 있다
>
> die Möglichkeit haben ... zu Inf. ~할 가능성이 있다

 Er hat keine Zeit, ein Buch zu lesen. 그는 책을 읽을 시간이 없다.

 Ich habe keine Zeit, mit dir ins Kino zu gehen. 나는 너와 극장에 갈 시간이 없어.

 Er hatte keine Lust, ins Kino zu gehen. 그는 극장에 갈 기분이 들지 않았다.

② es ist ~, ... zu Inf. ~하는 것은 ~하다

> Es ist wichtig, ... zu Inf. ~하는 것이 중요하다
>
> Es ist gut (schlecht / richtig / falsch / notwendig), ... zu Inf.
> ~하는 것이 좋다 (나쁘다 / 옳다 / 틀리다 / 꼭 필요하다)

 Es ist wichtig, eine neue Sprache jeden Tag zu üben. 새로운 언어를 매일 연습하는 것이 중요하다.

③ 동사와 연결된 'zu Inf.'

'zu Inf.' 구문은 많은 동사에 연결하여 사용됩니다. 그 중 몇 가지 예를 들면 다음과 같습니다.

anfangen/beginnen ... zu Inf. ~하기 시작하다	bitten ... zu Inf. ~하기를 부탁하다
aufhören ... zu Inf. ~하기를 중단하다, 끝내다	pflegen ... zu Inf. ~하곤 하다 (습관)
vorhaben ... zu Inf. ~하기를 계획하고 있다	hoffen ... zu Inf. ~하기를 희망하다
versuchen ... zu Inf. ~을 시도하다, 해 보다	scheinen ... zu Inf. ~인 것 같다
brauchen nicht/kein- ... zu Inf. ~할 필요 없다	haben ... zu Inf. ~해야 한다

Herr Müller hofft im Lotto zu gewinnen. 뮐러 씨는 로또에 당첨되기를 바라고 있다.

Meine Mutter hat vor, Deutsch zu lernen. 어머니는 독일어를 배우려고 계획하고 있다.

Er hat heute noch viel zu tun. 그는 오늘 아직 많은 일을 해야 한다.

Du brauchst morgen nicht zu kommen. 너 내일은 올 필요 없어.

Meine Mutter pflegt jeden Abend mich anzurufen. 엄마는 저녁마다 내게 전화하시곤 한다.

(→ anzurufen은 분리 동사 anrufen의 분리전철 an과 rufen 사이에 zu를 넣은 형태입니다. 분리동사는 분리전철과 동사 사이에 zu를 넣고 붙여 씁니다.)

〈참고〉 zu 없는 부정형이 연결되는 동사

zu 없이 동사의 부정형이 뒤에 오는 동사들이 있습니다. 그 중 많이 사용되는 동사로는 sehen, hören, gehen, bleiben 등이 있습니다.

Er sieht das Schiff kommen. 그는 배가 오는 것을 보고 있다.

Wir hören die Vögel singen. 우리는 새들이 노래하는 소리를 듣는다.

Wir gehen am Sonntag schwimmen. 우리는 일요일에 수영하러 간다.

Er bleibt im Bett liegen. 그는 침대에 누운 채 있다.

 단어정리

die Lust 기분, 욕구 | richtig 옳은 | falsch 틀린 | notwendig 꼭 필요한 | gewinnen 이기다, 당첨되다 | der Vogel, Vögel 새 | singen 노래하다 | schwimmen 수영하다

문·법·콕·콕

04
🎧 MP3 19_04

Du kannst mitkommen, wenn du Lust hast.

네가 갈 마음이 있으면 함께 갈 수 있어.

● **종속접속사 wenn ~할 때, ~이라면**

wenn은 종속접속사로서 뒤에 이어지는 부문장에서 동사는 끝에 위치합니다. 부문장이 주문장보다 앞에 위치할 경우에는 주문장이 '동사+주어'로 도치합니다. wenn의 용법은 때를 나타내는 경우와 조건을 나타내는 경우로 구분할 수 있습니다.

① 때를 나타내는 wenn

현재나 미래에 '~할 때'를 나타낼 때는 항상 wenn을 사용합니다.

▶ 과거형이나 현재완료형에 wenn을 사용할 때는 과거의 반복적인 일을 나타냅니다.

Wenn ich müde bin, trinke ich Kaffee.

= Ich trinke Kaffee, wenn ich müde bin. 피곤할 때 나는 커피를 마신다.

Luisa lächelt meistens, wenn ich sie sehe. 루이자는 내가 그녀를 볼 때 대부분 미소를 짓고 있다.

Wenn wir in Urlaub fahren, nehmen wir unseren Hund mit. 우리는 휴가를 갈 때 개를 데려간다.

Wenn ich in Deutschland bin, trinke ich immer viel Bier.
독일에 있을 때 나는 항상 맥주를 많이 마신다.

Wir werden euch besuchen, wenn die Ferien zu Ende sind.
방학이 끝나면(끝날 때) 우리가 너희를 방문할 것이다.

Bitte ruf mich an, wenn du mit der Arbeit fertig bist. 네가 일을 끝마치면 (끝마칠 때) 내게 전화해.

② 조건을 나타내는 wenn

Ich helfe dir, wenn ich am Nachmittag Zeit habe. 오후에 시간이 있으면 너를 도와줄게.

Wenn man studieren will, braucht man das Abitur.
대학에서 공부하려고 한다면 아비투어(대학 입학 자격 시험)가 필요하다.

Wenn das Wetter gut ist, gehen die Leute gern spazieren.
날씨가 좋으면 사람들은 산책하기를 좋아한다.

Wenn Max sein Zimmer nicht aufräumt, darf er nicht mit seinen Freunden spielen.
막스가 방을 청소하지 않으면 친구들과 놀아서는 안 된다.

Wenn Max nicht für den Test lernt, kann er ihn nicht bestehen.
막스가 시험을 위해 공부하지 않으면 시험에 합격할 수 없다.

 단어정리

müde 피곤한 | lächeln 미소 짓다 | meistens 대부분 | mitnehmen 가져가다, 데려가다 | das Ende 끝 | fertig 완성된, 끝난 | das Abitur 아비투어(대학 입학 자격 시험) | spazieren gehen 산책 가다 | aufräumen 정돈하다, 청소하다 | bestehen (시험에) 합격하다

🎧 MP3 19_05

A Wo gehst du hin?

B Ich fahre in die Stadt. Ich habe eine Verabredung mit Freunden im Café Bella.

A Café Bella? Das kenne ich nicht. Wo ist es?

B Es liegt neben dem Kino. Du kannst einfach mitkommen, wenn du Lust hast.

A Ich möchte schon, aber ich habe keine Zeit. Ich habe heute viel zu tun.

B Schade! Was machst du dann am Samstag?

A Ich habe noch nichts vor.

B Am Samstagnachmittag will ich ins Schwimmbad gehen. Hast du Lust, mit mir schwimmen zu gehen?

A Ja, gerne. Um wie viel Uhr treffen wir uns?

B Um drei Uhr vor dem Schwimmbad?

A Okay. Ich rufe dich morgen an. Tschüß!

해석

A 어디 가니?

B 시내에 가. 카페 벨라에서 친구들과 약속이 있어.

A 카페 벨라? 난 그곳 몰라. 그 카페 어디에 있니?

B 극장 옆에 있어. 너 갈 생각 있으면 그냥 같이 갈 수 있어.

A 그렇게 하고 싶지만 시간이 없어. 오늘 할 일이 많아.

B 유감이네. 그러면 토요일에 뭐 하니?

A 아직 아무 계획 없어.

B 토요일 오후에 수영장에 갈 거야. 같이 수영하러 갈 생각 있어?

A 그래, 좋아. 몇 시에 만날까?

B 세 시에 수영장 앞에서 만날까?

A 좋아. 내일 너에게 전화할게. 안녕!

패·턴·톡·톡

MP3 19_06

01 Max ist jetzt in der Stadt.
막스는 지금 시내에 있다.

① ist   **in der Kirche** 교회에 있다

② sitzt   **im Café** 카페에 앉아 있다

③ liegt   **im Bett** 침대에 누워 있다

④ sitzt   **auf dem Sofa** 소파에 앉아 있다

⑤ steht   **vor dem Haus** 집 앞에 서 있다

MP3 19_07

02 Ich fahre in die Stadt.
나는 시내로 간다.

① **fahre ans Meer** 바다로 간다

② **gehe in die Kirche** 교회에 간다

③ **gehe in den Supermarkt** 슈퍼마켓에 간다

④ **gehe ins Schwimmbad** 수영장에 간다

⑤ **gehe hinter das Haus** 집 뒤로 간다

🎧 MP3 19_08

03 **Er hat keine Zeit, ein Buch zu lesen.**

그는 책을 읽을 시간이 없다.

① mit mir ins Schwimmbad zu gehen 나와 함께 수영장에 갈

② eine neue Sprache zu lernen 새로운 언어를 배울

③ spazieren zu gehen 산책 갈

④ in den Urlaub zu fahren 휴가를 갈

⑤ dich zu besuchen 너를 방문할

🎧 MP3 19_09

04 **Ich werde froh sein, wenn du mich besuchst.**

네가 나를 방문한다면 나는 기쁠 것이다.

① du mir dabei hilfst 네가 그 일에서 나를 돕는다면

② Max die Prüfung besteht 막스가 시험에 합격한다면

③ wir uns in Seoul wiedersehen 우리가 서울에서 다시 만난다면

④ du gesund wieder zurückkommst 네가 다시 건강하게 돌아온다면

문·제·척·척

1 빈칸에 알맞은 정관사를 넣으세요.

1 Ich gehe in _____ Kirche.

  Jetzt bin ich in _____ Kirche.

2 Er geht in _____ Supermarkt.

  Jetzt ist er in _____ Supermarkt.

3 Sie geht hinter _____ Haus.

  Jetzt ist sie hinter _____ Haus.

4 Er fährt an _____ Meer.

  Jetzt wohnt er an _____ Meer.

5 Die Katze geht unter _____ Tisch.

  Jetzt schläft sie unter _____ Tisch.

6 Er stellt sein Auto vor _____ Haus.

  Jetzt steht das Auto vor _____ Haus.

2 적합한 것을 보기에서 골라 넣으세요.

> 보기
>
> im, in den, in der, am, vor dem

1 _____ Frühling fliege ich nach Deutschland.

2 _____ Sommer regnet es oft.

3 _____ Nacht ist es schon kalt.

4 _____ Frühstück trinkt er ein Glas Wasser.

5 _____ Ferien bin ich nicht zu Hause.

6 _____ Morgen steht er immer um 6 Uhr auf.

7 _____ Sonntag schläft er lange.

8 _____ März kommt er zurück.

3 아래와 같이 주어진 단어와 zu Inf.를 사용하여 문장을 만들어 보세요.

> du - hast - ins Kino - gehen - mit mir - Lust
> → Hast du Lust, mit mir ins Kino zu gehen?

1 Max - besuchen - uns - hat - keine Zeit

→ _____

2 Meine Mutter - Deutsch - hofft - lernen

→ _____

3 Herr Kim - keine Lust - ans Meer - fahren - hatte

→ _____

4 ich - keine Zeit - hatte - dich - anrufen

→ _____

4 종속접속사 wenn을 사용하여 문장을 완성하세요.

1 피곤할 때 나는 커피를 마신다.

Ich trinke Kaffee, _____

2 우리가 베를린에 있을 때는 항상 친구들을 방문한다.

_____, besuchen wir immer unsere Freunde.

3 Minho는 독일에 있을 때 항상 맥주를 많이 마신다.

_____, trinkt er immer viel Bier.

4 내일 오후에 시간이 있으면 너를 도와줄게. (morgen Nachmittag)

Ich helfe dir, _____

5 네가 대학에서 공부하려고 한다면 아비투어(대학 입학 자격 시험)가 필요하다.

_____, brauchst du das Abitur.

6 날씨가 좋으면 사람들은 산책하기를 좋아한다.

_____, gehen die Leute gern spazieren.

Was hast du gestern gemacht?

너는 어제 뭐 했니?

문·법·콕·콕

01   Was hast du gestern Abend gemacht?

🎧 MP3 20_01

어제 저녁에 뭐 했니?

● 현재완료형(haben/sein … **p.p.**)을 만들기 위해 우선 동사의 과거분사형을 알아야 합니다.

● **p.p. (Partizip Perfekt) 과거분사형**

① 규칙동사

규칙동사는 '**ge**(동사 어간)**t**'의 형태로 만듭니다.

hören 듣다 – gehört	**kaufen** 사다 – gekauft
lernen 배우다 – gelernt	**machen** 하다 – gemacht
legen 놓다 – gelegt	**holen** 가져오다 – geholt
haben 갖고 있다 – gehabt	
(haben은 과거형이 hatte인 불규칙변화 동사이지만 과거분사형은 규칙변화 동사들처럼 만듭니다.)	

어간이 –t, –d, –fn, –gn, –chn, –ckn, –dm, –tm으로 끝나는 동사는 '**ge–et**' 형태로 만듭니다.

arbeiten 일하다 – gearbeitet	**öffnen** 열다 – geöffnet
bilden 만들다 – gebildet	**regnen** 비 오다 – geregnet
warten 기다리다 – gewartet	**atmen** 호흡하다 – geatmet

부정형이 –ieren으로 끝나는 동사는 과거분사에 ge를 붙이지 않습니다.

studieren 대학 다니다 – studiert	**telefonieren** 전화하다 – telefoniert
kopieren 복사하다 – kopiert	**kritisieren** 비평하다 – kritisiert

② 불규칙변화 동사

불규칙변화 동사는 암기해야 합니다. (부록 '불규칙동사 변화표'를 참조!)

sein ~이다, 있다 – gewesen

bleiben 머물다 – geblieben

fallen 떨어지다 – gefallen

gehen 가다 – gegangen

kommen 오다 – gekommen

rufen 부르다 – gerufen

schreiben 쓰다 – geschrieben

sprechen 말하다 – gesprochen

trinken 마시다 – getrunken

kennen 알다 – gekannt

werden ~이 되다 – geworden

essen 먹다 – gegessen

geben 주다 – gegeben

helfen 돕다 – geholfen

nehmen 받다 – genommen

schlafen 자다 – geschlafen

sehen 보다 – gesehen

stehen 서 있다 – gestanden

treffen 만나다 – getroffen

wissen 알다 – gewusst

02

🎧
MP3 20_02

Ich habe ein Geschenk für meine Mutter gekauft.

나는 어머니를 위한 선물을 샀다.

현재완료형은 현재보다 앞선 시제를 나타냅니다. 구어체에서는 과거형보다 현재완료형을 많이 사용합니다.

현재완료형은 동사에 따라 **haben**이나 **sein**을 조동사로 취하고 문장의 맨 끝에 본동사의 과거분사를 두어 '**haben/sein**의 현재형 + ... **p.p.**'의 형태로 씁니다. **haben**과 연결되는 동사와 **sein**과 연결되는 동사를 구분해서 사용합니다.

현재완료형 'haben+ ... p.p.' haben과 함께 완료형을 만드는 동사

① 모든 타동사

> essen 먹다, geben 주다, hören 듣다, lesen 읽다, sehen 보다, trinken 마시다, kennen 알다, schreiben 쓰다, treffen 만나다 ...

(essen)	**Wir haben Pizza gegessen.** 우리는 피자를 먹었다.
(schreiben)	**Ich habe einige E-Mails geschrieben.** 나는 이메일 몇 통을 썼다.
(sehen)	**Wir haben im Kino einen Film gesehen.** 우리는 극장에서 영화를 보았다.
(trinken)	**Habt ihr Bier getrunken?** 너희들 맥주를 마셨니?
(hören)	**Hast du schon gehört, dass Anna und Peter heiraten werden?** 안나와 페터가 결혼한다는 것 들었니?
(lesen)	**Ich habe gelesen, dass es in Deutschland viele schöne Schlösser gibt.** 독일에는 아름다운 성이 많다는 것을 책에서 읽었다.
(treffen)	**Ich habe gestern Freunde getroffen.** 나는 어제 친구들을 만났다.

② 활동, 상태, 지속을 나타내는 자동사

> arbeiten 일하다, schlafen 자다, liegen 놓여 있다, sitzen 앉아 있다, stehen 서 있다
> gefallen ~의 마음에 들다, helfen 돕다 ...

(arbeiten)　　　**Gestern haben wir nicht gearbeitet.** 어제 우리는 일하지 않았다.

(schlafen)　　　**Am Wochenende habe ich lange geschlafen.** 주말에 나는 오래 잤다.

(frühstücken)　**Hast du schon gefrühstückt?** 너 벌써 아침식사 했니?

〈참고〉

여기에서는 기본적인 완료형에 대해서만 공부하고, 이후에 재귀동사, 비인칭 동사, 조동사 등의 현재완료형에 대해서도 확장해서 공부하시기 바랍니다.

 단어정리

einige (+ 복수) 몇몇의 | heiraten 결혼하다 | das Schloss, Schlösser 성(城) | lange 오래

문·법·콕·콕

03 Ich bin um 7 Uhr aufgestanden.

🎧 MP3 20_03

나는 일곱 시에 일어났다.

● 현재완료형 'sein+ ... p.p.' sein과 함께 완료형을 만드는 동사

① 장소 이동을 나타내는 자동사

fahren 가다, fliegen 날아가다, gehen 가다, kommen 오다, laufen 달리다

abfahren 출발하다, aussteigen 내리다, einsteigen 타다 ...

(fahren)　　Am Nachmittag bin ich in die Stadt gefahren. 오후에 나는 시내로 갔다.

(kommen)　Mein Vater ist gestern nach Berlin gekommen. 아버지께서 어제 베를린으로 오셨다.

(gehen)　　Er ist spät ins Bett gegangen. 그는 늦게 잠자리에 들었다.

② 상태 변화를 나타내는 자동사

sterben 죽다, wachsen 자라나다, aufstehen 일어나다, einschlafen 잠들다 ...

(sterben)　 Letzten Monat ist mein Großvater gestorben. 지난달에 할아버지께서 돌아가셨다.

③ sein ~이다, werden ~이 되다, bleiben 머무르다

(sein)　　　Bist du schon einmal in Berlin gewesen? 베를린에 한 번 가 봤니?

(werden)　 Es ist plötzlich kalt geworden. 날이 갑자기 추워졌다.

분리 동사의 과거분사형

분리 동사의 과거분사형은 ge가 전철과 기본 동사 사이로 들어옵니다. 분리전철 뒤에 기본동사의 과거분사를 연결합니다.

aufhören 중단하다 – aufgehört	aufstehen 일어나다 – aufgestanden
anrufen 전화하다 – angerufen	fernsehen TV 시청하다 – ferngesehen
einkaufen 장 보다 – eingekauft	einladen 초대하다 – eingeladen
einschlafen 잠들다 – eingeschlafen	zurückkommen 돌아오다 – zurückgekommen

(zurückkommen) **Ich bin spät nach Hause zurückgekommen.** 나는 늦게 집에 돌아왔다.

(aufstehen) **Ich bin gegen 9 Uhr aufgestanden.** 나는 아홉시 경에 일어났다.

(anrufen) **Hast du gestern mich angerufen?** 너 어제 나에게 전화했니?

비분리 동사의 과거분사형

비분리 동사(be-, ge-, ent-, emp-, er-, ver-, zer-, miss-)는 과거분사에 ge를 붙이지 않습니다. 기본동사의 과거분사에서 ge를 빼고 비분리전철 뒤에 연결합니다.

besuchen 방문하다 – besucht	gefallen 마음에 들다 – gefallen
gehören (누구)의 것이다 – gehört	vergessen 잊다 – vergessen

(besuchen) **Ich habe gestern meine Großeltern besucht.** 나는 어제 조부모님을 방문했다.

(gefallen) **Die Wohnung hat uns gut gefallen.** 그 집이 우리 마음에 들었다.

 단어정리

plötzlich 갑자기 | **kalt** 차가운, 추운

04 | Das konnte ich nicht.

🎧 MP3 20_04

나는 그것을 할 수 없었다.

조동사의 과거형

조동사는 현재완료형보다 과거형을 더 많이 사용합니다. 여기에서는 können, müssen, wollen의 과거형만 공부합니다.

	부정형	können	müssen	wollen
	과거형	konnte	musste	wollte
ich	–	konnte	musste	wollte
du	–st	konntest	musstest	wolltest
er/sie/es	–	konnte	musste	wollte
wir	–(e)n	konnten	mussten	wollten
ihr	–t	konntet	musstet	wolltet
sie / Sie	–(e)n	konnten	mussten	wollten

können 할 수 있다 – konnte 할 수 있었다

(현재형) **Anna kann gut Ski fahren.** 안나는 스키를 잘 탈 수 있다.

(과거형) **Hannes konnte schon früh Ski fahren.** 하네스는 아주 일찍부터 벌써 스키를 탈 수 있었다.

Mit 18 Jahren konnte ich endlich den Führerschein machen.
18세에 나는 마침내 운전면허증을 만들 수 있었다.

Wir konnten nichts mehr für ihn tun. 우리는 그를 위해서 더 이상 아무것도 할 수 없었다.

● müssen 해야 한다 – musste 해야 했다

(현재형)   **Wir müssen unserer Mutter helfen.** 우리는 어머니를 도와야 한다.

(과거형)   **Wir mussten immer unserer Mutter helfen.** 우리는 항상 어머니를 도와야 했다.

Herr Meier, mussten Sie früh aufstehen? 마이어 씨, 일찍 일어나셔야 했나요?

Julia hatte kein Fahrrad. Sie musste zu Fuß gehen.
율리아는 자전거가 없었다. 그녀는 걸어서 가야 했다.

Damals mussten wir in der Schule eine Schuluniform tragen.
그 당시에 우리는 학교에서 교복을 입어야 했다.

● wollen 하고자 하다 – wollte 하고 싶었다, 하고자 했다

möchte와 wollen의 과거형을 동일하게 wollte로 사용합니다.

(현재형)   **Sein Sohn will Arzt werden.** 그의 아들은 의사가 되려고 한다.

(과거형)   **Mein Bruder wollte Tierarzt werden.** 내 오빠는 수의사가 되고 싶어 했다.

Ich wollte meine Tante besuchen, aber dann konnte ich nicht.
나는 이모를 방문하려고 했었지만 그 다음에 그럴 수가 없게 되었다.

**Wir wollten gestern eigentlich zu unseren Eltern fahren, aber das konnten
wir nicht.**
우리는 어제 사실 부모님께 가려고 했었는데 그럴 수가 없었다.

 단어정리

der Führerschein 운전면허증 | die Schule (초등, 중, 고등) 학교 | die Uniform 유니폼 | die Schuluniform 교복 | der Tierarzt 수의사 | eigentlich 사실은, 원래

🎧 MP3 20_05

A Was hast du gestern gemacht?

B Am Nachmittag bin ich in die Stadt gefahren und habe ein Geschenk für meine Mutter gekauft. Sie hat bald Geburtstag.

A Ich wollte gestern eigentlich zu meinen Eltern fahren, aber das konnte ich nicht. Mein Auto hatte eine Panne. Es ist jetzt in der Autowerkstatt.

B Warst du dann am Abend zu Hause?

A Nein, ich habe gestern Abend Freunde getroffen.

B Was habt ihr gemacht?

A Wir haben im Kino einen Film gesehen. Und dann haben wir schön gegessen und Bier getrunken.

B Hast du heute schon gefrühstückt?

A Nein, ich hatte keine Zeit fürs Frühstück.
   Ich bin erst gegen 9 Uhr aufgestanden.

B Du bist sicher spät ins Bett gegangen, oder?

A Ja. Ich bin erst spät nach Hause zurückgekommen.

해석

A 어제 뭐 했니?

B 오후에 시내에 가서 엄마 드릴 선물 샀어. 엄마가 곧 생일이셔.

A 나는 어제 부모님께 가려고 했는데 갈 수가 없었어.
   자동차가 고장이 났거든. 자동차는 지금 정비소에 있어.

B 그러면 저녁에 집에 있었니?

A 아니. 어제 저녁에 친구들 만났어.

B 친구들과 뭐 했니?

A 극장에서 영화를 보았어. 그 다음에 맛있게 먹고 맥주를 마셨어.

B 너 오늘 아침식사는 했니?

A 아니, 아침식사 할 시간이 없었어.
   오늘 9시 경에 겨우 일어났거든.

B 어제 분명 늦게 잤구나. 그렇지?

A 응. 늦게야 집에 돌아왔어.

🎧 MP3 20_06

01 Gestern habe ich eine Tasche gekauft.

어제 나는 가방 하나를 샀다.

① Freunde getroffen 친구들을 만났다

② Pizza gegessen 피자를 먹었다

③ Bier getrunken 맥주를 마셨다

④ ein Buch gelesen 책을 읽었다

⑤ nicht gearbeitet 일하지 않았다

⑥ lange geschlafen 오래 잤다

🎧 MP3 20_07

02 Am Samstag ist er spät ins Bett gegangen.

토요일에 그는 늦게 잠자리에 들었다.

① in die Stadt gefahren 시내에 갔다

② nach Seoul gekommen 서울에 왔다

③ früh aufgestanden 일찍 일어났다

④ zu Hause geblieben 집에 머물러 있었다

⑤ sehr müde gewesen 매우 피곤했다

🎧 MP3 20_08

03

Gestern wollte ich ins Kino gehen.

어제 나는 극장에 가려고 했었어.

① wollten wir nach Busan fahren 우리는 부산에 가려고 했었어

② wollte dich Thomas besuchen 토마스가 너를 방문하려고 했었어

③ musste ich zu Hause bleiben 나는 집에 있어야 했어

④ mussten wir viel arbeiten 우리는 많이 일해야 했어

⑤ musste Thomas im Bett liegen 토마스는 침대에 누워 있어야 했어

🎧 MP3 20_09

Ich konnte ihn gestern besuchen.

나는 어제 그를 방문할 수 있었다.

① gestern meiner Mutter helfen 엄마를 도울 수 있었다

② gestern nicht schlafen 잠을 잘 수 없었다

③ gestern lange nicht einschlafen 오래 잠들 수 없었다

④ gestern nicht zum Unterricht kommen 수업에 올 수 없었다

⑤ dich gestern nicht anrufen 네게 전화할 수 없었다

문·제·척·척

1 동사의 과거분사형을 적어 보세요.

1 kaufen – _____ 2 öffnen – _____

3 arbeiten – _____ 4 studieren – _____

5 sein – _____ 6 essen – _____

7 haben – _____ 8 kommen – _____

9 sehen – _____ 10 treffen – _____

11 aufstehen – _____ 12 einschlafen – _____

13 besuchen – _____ 14 gefallen – _____

2 sein 또는 haben 중 하나를 골라 빈칸에 적합한 형태로 넣으세요.

1 _____ du schon gefrühstückt?

2 Letzte Woche _____ meine Großmutter gestorben.

3 Herr Schmidt _____ gestern dich angerufen.

4 Das Auto _____ mir gut gefallen.

5 Wir _____ spät nach Hause zurückgekommen.

3 조동사의 과거형을 알맞은 형태로 넣어 보세요.

1 Wir _____ immer unserer Mutter helfen. (müssen)

2 _____ du nichts für ihn tun? (können)

3 _____ ihr heute früh aufstehen? (müssen)

4 Meine Schwester _____ schon früh Ski fahren. (können)

5 _____ du gestern nicht zu deinen Eltern fahren? (wollen)

6 Das _____ ich nicht. (können)

4 현재완료형 문장이 되도록 독일어로 문장을 만들어 보세요.

1 너는 주말에 뭐 했니? (am Wochenende)

_____

2 나는 오후에 시내로 갔다. (am Nachmittag / in die Stadt)

_____

3 나는 아홉시에 일어났다. (um 9 Uhr)

_____

4 그는 늦게 잠자리에 들었다. (spät / ins Bett gehen)

_____

5 나는 어제 이모를 방문했다. (meine Tante)

_____

6 너 어제 저녁에 나에게 전화했니? (gestern Abend / mich)

_____

7 Thomas는 금요일에 친구들을 만났다. (am Freitag / Freunde)

_____

8 날이 갑자기 추워졌다. (es 주어 / plötzlich / kalt)

_____

9 그 바지가 내 마음에 들었다. (die Hose / mir / gefallen)

_____

10 나는 독일에 벌써 한 번 가봤다. (schon einmal / sein 동사)

_____

🔍 불규칙동사 변화표

Infinitiv (Vokalwechsel im Präsens) 부정형 (3인칭 단수 불규칙 현재형)	Präteritum 과거	Partizip II 과거분사
befehlen 명령하다 (er befiehlt)	befahl	befohlen
beginnen 시작하다	begann	begonnen
biegen 구부리다	bog	gebogen
bieten 제공하다	bot	geboten
binden 묶다	band	gebunden
bitten 부탁하다	bat	gebeten
bleiben 머물다	blieb	geblieben
brechen 깨다 (er bricht)	brach	gebrochen
bringen 가져오다	brachte	gebracht
denken 생각하다	dachte	gedacht
dürfen …해도 좋다 (er darf)	durfte	gedurft
empfehlen 추천하다 (er empfiehlt)	empfahl	empfohlen
erschrecken 놀라다 (er erschrickt)	erschrak	erschrocken
essen 먹다 (er isst)	aß	gegessen
fahren 타고 가다 (er fährt)	fuhr	gefahren
fallen 떨어지다 (er fällt)	fiel	gefallen
fangen 잡다 (er fängt)	fing	gefangen
finden 발견하다	fand	gefunden
fliegen 날다	flog	geflogen
fliehen 도망치다	floh	geflohen
fließen 흐르다	floss	geflossen
gebären 낳다	gebar	geboren
geben 주다 (er gibt)	gab	gegeben
gehen 가다	ging	gegangen
gelingen 이루어지다	gelang	gelungen
gelten 유효하다 (er gilt)	galt	gegolten
geschehen (일이) 발생하다 (er geschieht)	geschah	geschehen
gewinnen 얻다	gewann	gewonnen
greifen 잡다, 쥐다	griff	gegriffen

haben 갖고 있다	hatte	gehabt
halten 유지하다 (er hält)	hielt	gehalten
hängen 걸려 있다	hing	gehangen
heben 들어 올리다	hob	gehoben
heißen …라 불리다	hieß	geheißen
helfen 돕다 (er hilft)	half	geholfen
kennen 알다	kannte	gekannt
klingen (소리가) 울리다	klang	geklungen
kommen 오다	kam	gekommen
können …할 수 있다 (er kann)	konnte	gekonnt
laden 싣다 (er lädt)	lud	geladen
lassen …하게 하다 (er lässt)	ließ	gelassen
laufen 달리다 (er läuft)	lief	gelaufen
leiden 시달리다	litt	gelitten
leihen 빌려주다	lieh	geliehen
lesen 읽다 (er liest)	las	gelesen
liegen 놓여 있다	lag	gelegen
lügen 거짓말하다	log	gelogen
meiden 피하다	mied	gemieden
messen 재다 (er misst)	maß	gemessen
mögen 좋아하다 (er mag)	mochte	gemocht
müssen …해야 하다 (er muss)	musste	gemusst
nehmen 받다, 잡다 (er nimmt)	nahm	genommen
nennen 명명하다	nannte	genannt
raten 조언하다 (er rät)	riet	geraten
rennen 달리다	rannte	gerannt
riechen 냄새 맡다	roch	gerochen
rufen 부르다	rief	gerufen
schaffen 창조하다	schuf	geschaffen
scheiden 가르다	schied	geschieden
scheinen 빛나다	schien	geschienen

schieben 밀다	schob	geschoben
schießen 쏘다	schoss	geschossen
schlafen 자다 (er schläft)	schlief	geschlafen
schlagen 치다 (er schlägt)	schlug	geschlagen
schließen 닫다	schloss	geschlossen
schneiden 자르다	schnitt	geschnitten
schreiben 쓰다	schrieb	geschrieben
schreien 소리치다	schrie	geschrien
schreiten 걸어가다	schritt	geschritten
schweigen 침묵하다	schwieg	geschwiegen
schwimmen 수영하다	schwamm	geschwommen
sehen 보다 (er sieht)	sah	gesehen
sein 있다, …이다 (er ist)	war	gewesen
singen 노래하다	sang	gesungen
sinken 가라앉다	sank	gesunken
sitzen 앉아 있다	saß	gesessen
sprechen 말하다 (er spricht)	sprach	gesprochen
springen 뛰어오르다	sprang	gesprungen
stechen 찌르다 (er sticht)	stach	gestochen
stehen 서 있다	stand	gestanden
stehlen 훔치다 (er stiehlt)	stahl	gestohlen
steigen 올라가다	stieg	gestiegen
sterben 죽다 (er stirbt)	starb	gestorben
streichen 칠하다	strich	gestrichen
streiten 다투다	stritt	gestritten
tragen 나르다 (er trägt)	trug	getragen
treffen 만나다 (er trifft)	traf	getroffen
treiben 몰아넣다	trieb	getrieben
treten 내딛다 (er tritt)	trat	getreten
trinken 마시다	trank	getrunken
tun 하다	tat	getan
vergessen 잊다 (er vergisst)	vergaß	vergessen
verlieren 잃어버리다	verlor	verloren

wachsen 자라다 (er wächst)	wuchs	gewachsen
waschen 세탁하다, 씻다 (er wäscht)	wusch	gewaschen
weisen 가리키다	wies	gewiesen
werden 되다 (er wird)	wurde	geworden
werfen 던지다 (er wirft)	warf	geworfen
wiegen 무게를 재다	wog	gewogen
wissen 알다 (er weiß)	wusste	gewusst
ziehen 끌다, 가다	zog	gezogen
zwingen 강요하다	zwang	gezwungen

Lektion 2

1 1 Guten Morgen!

    2 Guten Tag!

    3 Guten Abend!

    4 Auf Wiedersehen!

    5 Gute Nacht!

2 Hallo / geht es dir? / Es geht mir gut, danke. / dir / Auch gut, danke.

3 Morgen / Guten Morgen! / geht es Ihnen? / Es geht mir gut, danke. / Ihnen / Es geht mir auch gut, danke. (= Auch gut, danke.) / Auf Wiedersehen! / Auf Wiedersehen!

Lektion 3

1 1 ist   2 Bist   3 bin

    4 Sind   5 sind   6 ist

    7 Seid

2 1 heißt   2 heißen   3 heißt

    4 heiße   5 heißt   6 heißt

3 1 Ihr   2 dein   3 Mein

    4 Sein   5 Ihr

Lektion 4

1 1 fünf   2 sieben

    3 zwölf   4 sechzehn

    5 siebzehn

    6 sechsundzwanzig

    7 siebenunddreißig

    8 einundvierzig

    9 zweiundfünfzig

  10 dreiundsechzig

  11 vierundsiebzig

  12 neunundachtzig

2 1 arbeitet 2 machst 3 studiert

    4 ist   5 arbeitet 6 macht

3 1 Ja, sie ist alt.

    2 Ja, ich bin verheiratet.

    3 Ja, ich bin müde.

    4 Ja, er ist reich.

    5 Ja, wir sind gesund.

4 1 Nein, sie ist nicht alt.

    2 Nein, ich bin nicht verheiratet.

    3 Nein, ich bin nicht müde.

    4 Nein, er ist nicht reich.

    5 Nein, wir sind nicht gesund.

Lektion 5

1 1 ist ein 2 sind   3 ist ein

    4 ist eine 5 sind

2 1 Der   2 Die   3 Das

    4 Die   5 Die

3 1 kein   2 kein   3 das ist keine

    4 das ist kein   5 keine

    6 das sind keine   7 das sind keine

4 1 Das ist ein Stuhl. Der Stuhl ist neu.

    2 Das sind Stühle. Die Stühle sind alt.

    3 Das sind keine Zitronen. Das sind Kartoffeln.

1 1 mein 2 meine 3 mein
   4 meine 5 mein

2 1 Das ist meine Mutter.
   2 Das sind meine Eltern.
   3 Das ist Peter und das sind seine Eltern.
   4 Das ist Petra und das ist ihr Freund.

3 1 Hast 2 habe 3 hat
   4 haben 5 Habt 6 Haben

4 1 hat keinen
   2 ich habe keine
   3 ich habe keine
   4 wir haben keine
   5 sie haben kein

Lektion 7

1 1 kommst 2 wohnt 3 wohnt
   4 kommt 5 wohnen 6 Kommt

2 1 Max ist Deutscher.
   2 Paula ist Deutsche.
   3 Herr Sato ist Japaner.
   4 Frau Wang ist Chinesin.
   5 Unser Professor ist Amerikaner.

3 1 Ich heiße ~.
   2 Ich komme aus ~.
   3 Ich wohne in ~.
   4 Ja, ich bin Koreaner(/Koreanerin).
   5 Meine Eltern kommen aus ~.
      (또는 Mein Vater kommt aus ~. Und meine
      Mutter kommt aus ~.)

Lektion 8

1 1 ein Euro dreißig
   2 siebzig Cent
   3 fünf Euro sechzig
   4 siebzehn Euro zwanzig
   5 zweihundertsechzehn Euro
      neunundachtzig
   6 siebenhunderteinundfünfzig Euro vierzig

2 1 kostet 2 kosten 3 kostet
   4 kosten 5 kostet

3 1 Haben Sie Tomaten?
   2 Ich hätte gern zwei Kilo Bananen.
   3 Ich brauche 500 Gramm Rindfleisch.
   4 Möchten Sie noch etwas?
   5 Nein, danke. Das ist alles.
   6 Was macht das zusammen?

Lektion 9

1 1 findet 2 gibt 3 finde
   4 finden 5 gibt

2 1 kann 2 Kannst 3 Kann
   4 Können 5 kann 6 Könnt

3 1 gefällt 2 gefallen 3 nehme
   4 gefällt 5 nimmt 6 Nimmst

4 1 es 2 ihn 3 mir, sie
   4 dir, sie 5 Ihnen, ihn

5 1 Ich liebe dich.
   2 Das Hemd gefällt mir
   3 Im Erdgeschoss gibt es Taschen.
   4 Sie können im Erdgeschoss Taschen
      finden.
   5 Kannst du Deutsch sprechen?
   6 Kann ich den Mantel anprobieren?

Lektion 10

1 1 kleine   2 weiße   3 schwarze

    4 roten   5 graue   6 grüne

    7 schöner   8 kleine   9 runden

    10 neues   11 blauen   12 braunes

2 1 dir, mir   2 Ihnen, mir   3 euch, uns

    4 ihm   5 ihr, mir

Lektion 11

1 1 zwei Uhr fünf / fünf nach zwei

    2 drei Uhr zwanzig / zwanzig nach drei
      (zehn vor halb vier)

    3 vier Uhr fünfzehn / Viertel nach vier

    4 fünf Uhr fünfundzwanzig / fünf vor halb
      sechs

    5 sechs Uhr fünfunddreißig / fünf nach
      halb sieben

    6 acht Uhr vierzig / zwanzig vor neun (zehn
      nach halb neun)

    7 neun Uhr dreißig / halb zehn

    8 zehn Uhr fünfundvierzig / Viertel vor elf

    9 elf Uhr fünfzig / zehn vor zwölf

    10 zwölf Uhr fünfundfünfzig / fünf vor eins

2 1 erste März

    2 fünfte Mai

    3 siebte September

    4 fünfundzwanzigsten August

    5 siebzehnten Januar

    6 dreißigsten November

3 1 Februar, Mai, Juli, September, Oktober,
      Dezember

    2 Dienstag, Donnerstag, Sonnabend

    3 der Mittag, die Nacht

4 1 Max kommt um fünf Uhr nach Hause.

    2 Ich habe morgen nichts vor.

    3 Welcher (Wochen) Tag ist heute? (=
      Welchen (Wochen) Tag haben wir heute?)

    4 Heute ist Mittwoch. (= Heute haben wir
      Mittwoch.)

    5 Der wievielte ist heute? (= Den wievielten
      haben wir heute? / Welches Datum ist
      heute?)

    6 Heute ist der elfte August. (=Heute haben
      wir den elften August.)

    7 Heute hat meine Mutter Geburtstag.

    8 Wann haben Sie Geburtstag, Herr Müller?

    9 Am ersten Januar habe ich Geburtstag.

    10 Die Vorlesung beginnt um eins.

Lektion 12

1 1 Trinken   2 Esst   3 Isst

    4 trinken   5 trinke   6 isst

2 1 Mögen   2 mag   3 mag

    4 Magst   5 mag

3 1 Ich mag kein Fleisch.

    2 Meine Mutter mag keinen Käse.

    3 Schmeckt's gut? (= Schmeckt es gut?)

    4 Pizza schmeckt mir gut.

    5 Ich habe Hunger.

    6 Ich habe keinen Hunger.

    7 Guten Appetit!

    8 Mein Vater isst gern Fisch.

    9 Ich esse lieber Käse als Wurst.

    10 Um 6 Uhr essen wir zu Abend.

    11 Ich hätte gern ein Schnitzel.

    12 Ich möchte eine Pizza und eine Cola.

    13 Ich gehe jetzt schlafen.

14 Wir gehen Fußball spielen.

15 Was isst du zum Frühstück?

Lektion 13

1 1 fahre, dem   2 fährt, der

3 fährt, dem   4 fahren, dem

5 Fahrt, dem   6 Fährst, der

2 1 zum   2 nach

3 nach   4 zu

5 nach   6 zum

7 zur

3 1 weiß   2 Weißt

3 Weiß   4 wisst

5 wissen

4 1 Ich gehe zu Fuß nach Haus(e).

2 Wo ist hier die Post?

3 Am Samstag fliege ich nach Deutschland.

4 Fährst du morgen nach Busan?

5 Warten Sie einen Moment, bitte!

6 Wie komme ich am besten zum Kino?

7 Wissen Sie, wo das Stadttheater ist?

8 Ich weiß nicht, wo Max wohnt.

9 Tut mir leid, ich bin auch fremd hier.

10 Wie lange dauert es?

Lektion 14

1 1 kleiner   2 älter

3 kälter   4 wärmer

5 heißer   6 besser

7 mehr   8 größer

2 1 sich   2 mich

3 sich   4 dich

5 mich   6 sich

3 1 Trink   2 Komm

3 Schlaf   4 Antworte

5 Iss   6 Geh

7 Sprich   8 Nimm ... mit

4 1 Es regnet viel.

2 Morgen schneit es.

3 Heute ist es heiß.

4 Es ist windig.

5 Es ist warm.

5 1 Wie ist das Wetter heute?

2 Die Sonne scheint.

3 Minna ist so alt wie ich.

4 Minna ist älter als du.

5 Heute ist es kälter als gestern.

6 Es ist nicht so heiß wie gestern.

7 Ich bringe dir einen Regenschirm.

Lektion 15

1 1 liest   2 liest

3 Lest   4 Seht ... fern

5 Siehst ... fern   6 Triffst

7 trifft   8 Fährst ... ab

9 fährt ... ab   10 muss

11 Musst   12 muss

2 1 Ich kann heute nicht zu euch kommen, denn ich habe keine Zeit.

2 Paul muss zu Hause bleiben, denn er ist krank.

3   Wir müssen zu Fuß gehen, denn der Aufzug funktioniert nicht.

4   Ich gehe heute nicht spazieren, denn es regnet.

3 1   Sieht dein Vater gern fern?

2   Ich spiele oft mit meinen Freunden Fußball.

3   Ich gehe gern schwimmen.

4   Ich möchte viel reisen, aber ich habe keine Zeit.

5   Ich fahre morgen zu meiner Oma, denn sie ist krank.

6   Du musst zum Arzt gehen.

7   Müsst ihr am Wochenende arbeiten?

8   Wir müssen jetzt nach Hause gehen.

9   Wann fährt der nächste Zug nach Berlin ab?

10 Einmal nach Berlin, zweiter Klasse hin und zurück, bitte!

11 Steigen Sie in Kassel um!

12 Sprechen Sie bitte lauter!

Lektion 16

1 1   hilft 2   Helft 3   Hilfst
4   Helfen 5   helfen 6   helfe

2 1   Wir können nicht anfangen, weil unser Lehrer noch nicht da ist.

2   Ich kann keine E-Mails schreiben, weil ich keine Zeit habe.

3   Ich kaufe die Jacke nicht, weil sie zu teuer ist.

4   Ich gehe heute ins Kino, weil ich den neuen Film sehen möchte.

5   Ich muss nach Hause gehen, weil es schon spät ist.

3 1   will 2   will 3   Willst
4   Wollt 5   Darf 6   darfst
7   Darf

4 1   Hier (spricht) Minna. Ich möchte (mit) Lena sprechen.

2   Wer ist (da) am Apparat?

3   Ich bleibe zu Hause, weil ich krank bin.

4   Ich möchte einen Tisch für Freitag um 19 Uhr reservieren.

5   Darf ich(/man) hier parken?

6   Im Museum darf man nicht fotografieren.

7   Im Restaurant darf man nicht rauchen.

Lektion 17

1 1   werde 2   wird 3   werdet
4   wird 5   wirst 6   wird

2 1   eins 2   eine 3   keinen
4   keine 5   keins 6   eine
7   einen

3 1   Ich glaube, dass Frau Lehmann sehr nett ist.

2   Findest du, dass der Film langweilig ist?

3   Es ist wichtig, dass man einen guten Freund hat.

4   Es ist schade, dass du morgen nicht kommen kannst.

5 Ich wünsche, dass Anna heute pünktlich kommt.

6 Julia denkt, dass sie diesen Sommer nicht in den Urlaub fährt.

4 1 Ist dieser Platz noch frei?

2 Haben Sie noch ein Einzelzimmer frei?

3 Was kostet das Zimmer für eine Nacht?

4 Das Zimmer wird Ihnen gefallen.

5 Können Sie mich morgen um halb sieben wecken?

6 Gibt es in der Nähe keinen Supermarkt?

Lektion 18

1 1 war   2 Warst   3 wart

4 Waren   5 war   6 war

7 waren

2 1 hatte   2 Hattest   3 Hattet

4 Hatten   5 hatten   6 hatte

3 1 Du siehst nicht gut aus.

2 Die Augen tun mir weh.

3 Wie fühlen Sie sich?

4 Ich habe Kopfschmerzen und Fieber.

5 Gute Besserung!

6 Ich möchte gern einen Sprechstundentermin vereinbaren.

7 Wie alt ist der Sohn der Lehrerin?

8 Wann kommen die Eltern der Kinder?

9 Der Onkel des Kindes wohnt in Deutschland.

10 Die Tochter des Lehrers studiert in Deutschland.

Lektion 19

1 1 die, der   2 den, dem

3 das, dem   4 das, dem

5 den, dem   6 das, dem

2 1 Im   2 Im

3 In der   4 Vor dem

5 In den   6 Am

7 Am   8 Im

3 1 Max hat keine Zeit, uns zu besuchen.

2 Meine Mutter hofft, Deutsch zu lernen.

3 Herr Kim hatte keine Lust, ans Meer zu fahren.

4 Ich hatte keine Zeit, dich anzurufen.

4 1 wenn ich müde bin.

2 Wenn wir in Berlin sind

3 Wenn Minho in Deutschland ist

4 wenn ich morgen Nachmittag Zeit habe.

5 Wenn du studieren willst

6 Wenn das Wetter gut ist

Lektion 20

1 1 gekauft   2 geöffnet

3 gearbeitet   4 studiert

5 gewesen   6 gegessen

7 gehabt   8 gekommen

9 gesehen   10 getroffen

11 aufgestanden   12 eingeschlafen

13 besucht   14 gefallen

2 1 Hast   2 ist

3 hat   4 hat

5 sind

3 1 mussten   2 Konntest

    3 Musstet   4 konnte

    5 Wolltest   6 konnte

4 1 Was hast du am Wochenende gemacht?

    2 Am Nachmittag bin ich in die Stadt gefahren.

    3 Ich bin um 9 Uhr aufgestanden.

    4 Er ist spät ins Bett gegangen.

    5 Gestern habe ich meine Tante besucht.

    6 Hast du mich gestern Abend angerufen?

    7 Thomas hat am Freitag Freunde getroffen.

    8 Es ist plötzlich kalt geworden.

    9 Die Hose hat mir gut gefallen.

   10 Ich bin schon einmal in Deutschland gewesen.

별책부록

워크북

지은이 김미선

가장 쉬운 독학

독일어 첫걸음

동양북스

Since 1978

가장 쉬운 독학 독일어 첫걸음

별책부록

워크북

동양북스

문자와 발음

🎧 MP3_W01

1 다음 단어들을 소리 내서 읽어 보세요.

Frau	Kind	Jahr	Monat	Woche
Tag	Nacht	Hund	Katze	Schule
Schlüssel	Sprache	Stunde	Käse	Wurst
Salat	Sonne	Mond	Stern	Regen
Schnee	Station	Uhr	Tisch	Tasche
Löffel	Gabel	Messer	Lehrerin	Verkäuferin
Möglichkeit	Schweiz	bieten	bleiben	brechen
denken	fließen	geschehen	heißen	riechen
schreiben	sprechen	stehen	verlieren	wachsen
waschen	ziehen	Koreaner	Deutschland	Österreich

🎧 MP3_W02

2 릴케(Rainer Maria Rilke)의 시 'Herbsttag (가을날)'입니다. 소리 내서 읽어 보세요.

Herbsttag

Rainer Maria Rilke

Herr: es ist Zeit. Der Sommer war sehr groß.
Leg deinen Schatten auf die Sonnenuhren,
und auf den Fluren lass die Winde los.

Befiehl den letzten Früchten voll zu sein;
gib ihnen noch zwei südlichere Tage,
dränge sie zur Vollendung hin und jage
die letzte Süße in den schweren Wein.

Wer jetzt kein Haus hat, baut sich keines mehr.
Wer jetzt allein ist, wird es lange bleiben,
wird wachen, lesen, lange Briefe schreiben
und wird in den Alleen hin und her
unruhig wandern, wenn die Blätter treiben.

Guten Tag!

🎧 MP3_W03

1 녹음을 듣고 인사말을 적어 보세요.

(1) _____

(2) _____

(3) _____

(4) _____

(5) _____

🎧 MP3_W04

2 녹음을 듣고 대화를 완성해 보세요.

(1) A Wie geht es_____?

    B Danke, _____. Und _____?

    A _____, danke.

(2) A Wie _____?

    B _____. Und _____?

    A _____, danke.

(3) A _____, Minho!

    B Hallo, Julia! _____?

    A Gut, _____. Und _____?

    B _____. _____!

    A _____!

Wie heißen Sie?

1 빈칸에 알맞은 인칭대명사를 적어 보세요.

1인칭	2인칭	3인칭
나 → _____	너 → _____	그, 그것(남성) → _____ 그녀, 그것(여성) → _____ 그것(중성) → _____
우리 → _____	너희 → _____	그들, 그것들 → _____
	당신, 당신들 → _____	

2 인칭대명사에 맞게 소유관사를 적어 보세요.

(ich) 나의 → _____   (du) 너의 → _____

(er/es) 그의, 그것의 → _____   (sie) 그녀의 → _____

(wir) 우리의 → _____   (ihr) 너희의 → _____

(sie) 그들의 → _____   (Sie) 당신의 → _____

3 heißen과 sein 동사를 알맞은 형태로 적어 보세요.

	heißen	sein
ich	heiße	
du		
er/sie/es		
wir		
ihr		
sie/Sie	heißen	

4 다음 질문에 독일어로 대답해 보세요.

(1) Wie heißen Sie?

- Ich _____

(2) Wie ist Ihr Name?

- Mein _____

(3) Wie ist Ihr Vorname?

- Mein _____

(4) Wie ist Ihr Familienname?

- Mein _____

Ich bin 20 Jahre alt.

1 0부터 25까지 숫자를 적어 보세요.

2 다음 숫자를 적어 보세요.

29 _____	31 _____
42 _____	53 _____
64 _____	75 _____
87 _____	98 _____

3 동사를 알맞은 형태로 적어 보세요.

	machen	studieren	arbeiten
ich	mache		
du			
er/sie/es			
wir		studieren	
ihr			
sie/Sie	machen		arbeiten

4 직업을 나타내는 명사의 여성형과 그 뜻을 적어 보세요.

단어	여성형	뜻
der Angestellte	die _____	_____
der Arzt	die _____	_____
der Hausmann	die _____	_____
der Koch	die _____	_____
der Lehrer	die _____	_____
der Maler	die _____	_____
der Polizist	die _____	_____
der Schüler	die _____	_____
der Student	die _____	_____

5 다음 질문에 독일어로 대답해 보세요.

(1) Wie alt sind Sie?

_____

(2) Was sind Sie von Beruf?

_____

(3) Sind Sie verheiratet?

_____

Was ist das?

1 명사들을 '정관사 + 명사 – die 복수' 순서로 적어 보세요.

> 예 컴퓨터 der Computer – die Computer

(1) 의자 _____ _____ – die _____

(2) 시계 _____ _____ – die _____

(3) 사과 _____ _____ – die _____

(4) 탁자 _____ _____ – die _____

(5) 그림 _____ _____ – die _____

(6) 책 _____ _____ – die _____

(7) 의사 _____ _____ – die _____

(8) 감자 _____ _____ – die _____

(9) 연습, 연습문제 _____ _____ – die _____

(10) 전등 _____ _____ – die _____

2 '부정관사 + 명사'를 넣어 문장을 완성하세요.

(1) 그것은 의자입니다. Das ist _____

(2) 그것은 꽃병입니다. Das ist _____

(3) 그것은 전등입니다. Das ist _____

(4) 그것은 탁자입니다. Das ist _____

(5) 그것은 카펫입니다. Das ist _____

(6) 그것은 침대입니다. Das ist _____

(7) 그것은 시계입니다. Das ist _____

(8) 그것은 사과입니다. Das ist _____

(9) 그것은 감자입니다. Das ist _____

(10) 그것은 컴퓨터입니다. Das ist _____

3 'kein/keine + 명사'를 넣어 문장을 완성하세요.

(1) 그것은 책이 아닙니다. Das ist _____

(2) 그것은 사과가 아닙니다. Das ist _____

(3) 그것은 감자가 아닙니다. Das ist _____

(4) 그것은 시계가 아닙니다. Das ist _____

(5) 그것은 꽃병이 아닙니다. Das ist _____

(6) 그것은 컴퓨터가 아닙니다. Das ist _____

(7) 그것들은 의자가 아닙니다. (복수) Das sind _____

(8) 그것들은 전등이 아닙니다. (복수) Das sind _____

(9) 그것들은 사과가 아닙니다. (복수) Das sind _____

(10) 그것들은 탁자가 아닙니다. (복수) Das sind _____

Wer ist das?

1 'Das ist ~.' 또는 'Das sind ~'로 시작하는 문장을 만들어 보세요.

(1) 그 사람은 나의 오빠이다.

_____

(2) 그 사람은 나의 이모이다.

_____

(3) 그들은 나의 친구들이다.

_____

(4) 그분들은 나의 조부모님이시다.

_____

(5) 그 사람은 나의 삼촌이다. 그리고 그 사람은 그의 아내이다.

_____

(6) 그 사람은 Peter이다. 그리고 그 사람은 그의 아버지이다.

_____

(7) 그 사람은 Anna이다. 그리고 그들은 그녀의 부모님이다.

_____

(8) 그들은 Peter와 Anna이다. 그리고 그들은 그들의 아이들이다.

_____

2 haben 동사를 알맞은 형태로 적어 보세요.

	haben
ich	
du	
er/sie/es	
wir	
ihr	
sie/Sie	haben

3 다음 질문의 빈칸에 알맞은 형태로 적어 보세요.

> Haben Sie _____ _____?
> ～을/를 갖고 계십니까? (～이/가 있으신가요?)

(1) 남자 형제 하나 _____

(2) 여자 형제 하나 _____

(3) 삼촌 한 분 _____

(4) 아이 하나 _____

(5) 개 한 마리 _____

(6) 고양이 한 마리 _____

(7) 자전거 하나 _____

(8) 질문 하나 _____

4 빈칸에 알맞은 형태로 적어 보세요.

> Ich habe _____ _____
>
> 저는 ~을/를 갖고 있지 않습니다. (저는 ~이/가 없습니다.)

(1) 개 (한 마리) _____

(2) 고양이 (한 마리) _____

(3) 자전거 _____

(4) 질문 _____

(5) 아이들 _____

(6) 남자 형제 _____

(7) 아이디어 _____

(8) 컴퓨터 _____

(9) 자동차 _____

(10) 형제자매 _____

Ich wohne in Seoul.

1 동사 wohnen과 kommen을 알맞은 형태로 적어 보세요.

	wohnen	kommen
ich		
du		
er/sie/es		
wir		kommen
ihr		
sie/Sie	wohnen	

2 빈칸에 알맞은 단어를 넣어 보세요.

	국가명	국민(남성)	국민(여성)
한국	Korea		
독일		ein (der)	
오스트리아			
스위스			
미국	die USA (die Vereinigten Staaten)		
중국			
일본			

3 동사 wohnen을 알맞은 형태로 넣어 보세요.

(1) Wo _____ du jetzt?

(2) Wo _____ deine Schwester?

(3) Wo _____ Frau Kim?

(4) _____ Sie in Seoul? - Ja, ich _____ in Seoul.

(5) Seit einem Jahr _____ meine Eltern in Seoul.

4 적합한 단어를 넣어 문장을 완성해 보세요.

(1) Woher k_____ Sie?

(2) Woher k_____ du?

(3) Woher k_____ dein Lehrer?

(4) Ich k_____ aus Korea. Ich bin K_____.

(5) Herr Müller k_____ aus Deutschland. Er ist D_____.

(6) Anna k_____ aus Deutschland. Sie ist D_____.

Was kostet das?

1 동사 kosten을 적합한 형태로 넣어 보세요.

(1) Wie viel _____ ein Kilo Orangen?

(2) Das Hemd _____ 20,90 Euro.

(3) Die Schuhe _____ 82 Euro.

(4) Wie viel _____ zwei Pfund Kaffee?

(5) Wie viel _____ eine Tasse Kaffee?

(6) Die Bananen _____ 3,20 Euro.

2 다음 숫자를 독일어로 적어 보세요.

(1) 135 _____

(2) 268 _____

(3) 317 _____

(4) 412 _____

(5) 591 _____

(6) 2070 _____

(7) 1765 _____

(8) 4658 _____

3 hätte와 möchte를 알맞은 형태로 적어 보세요.

	hätte	möchte
ich		
du		
er/sie/es		
wir		möchten
ihr	hätte	
sie/Sie		

4 다음 명사를 '정관사 + 명사, die 복수' 순서로 적어 보세요.

> 예 복숭아 der Pfirsich, die Pfirsiche

(1) 사과 _____

(2) 포도 _____

(3) 레몬 _____

(4) 오렌지 _____

(5) 바나나 _____

(5) 감자 _____

(7) 양파 _____

(8) 토마토 _____

5 빈칸에 적합한 동사를 넣어 보세요.

(1) 무엇을 원하십니까(무엇을 드릴까요)?

Was h_____ Sie gern? = Was m_____ Sie?

(2) 쇠고기 500그램 사고 싶습니다.

Ich h_____ gern ein Pfund Rindfleisch.

= Ich m_____ ein Pfund Rindfleisch.

(3) 더 원하시는 것이 있습니까?

M_____ Sie noch etwas?

(4) 다 합해서 얼마입니까? – 다 합해서 55유로입니다.

Was m_____ das zusammen?

- Das m_____ 55 Euro.

Das gefällt mir.

1 동사를 알맞은 형태로 넣어 보세요.

	finden	geben	nehmen	gefallen	können
ich	finde			gefalle	
du					
er/sie/es					
wir		geben			
ihr			nehmt		
sie/Sie					können

2 빈칸을 채워 대화를 완성하세요. 대답에는 인칭대명사를 사용하세요.

> 예 Nehmen Sie die Schuhe? - Ja, ich nehme sie.

(1) Nehmen Sie d_____ Hut? - Ja, ich nehme _____.

(2) Nehmen Sie d_____ Bluse? - Ja, ich nehme _____.

(3) Nehmen Sie d_____ Kleid? - Ja, ich nehme _____.

(4) Nehmen Sie d_____ Hose? - Ja, ich nehme _____.

(5) Nehmen Sie d_____ Schal? - Ja, ich nehme _____.

3 동사 gefallen과 인칭대명사를 넣어 대화를 완성하세요.

(1) G_____ die Hose Max? - Ja, die g_____ _____.

(2) G_____ dir der Mantel, Max? - Ja, der g_____ _____.

(3) G_____ die Schuhe deiner Mutter? - Ja, die g_____ _____.

(4) G_____ euch das Auto? - Ja, das g_____ _____.

(5) G_____ _____ der Hut, Herr Kim ? - Ja, der g_____ mir.

4 주어진 단어들로 문장을 만들어 보세요.

(1) können - Anna - Deutsch sprechen - gut - .

_____

(2) du - können - schwimmen - gut - ?

_____

(3) ich - können - anprobieren - die Hose - ?

_____

(4) ihr - können - tanzen - gut - ?

_____

(5) im Erdgeschoss - man - finden - können - Schuhe - .

_____

(6) Sie - können - helfen - mir - ?

_____

Ich kaufe einen kleinen Tisch.

1 동사 gehören과 인칭대명사를 넣어 문장을 완성하세요.

(1) 그 가방은 나의 것이다.

Der Koffer g_____ _____.

(2) 얘들아, 그 공이 너희들 것이니?

G_____ _____ der Ball, Kinder?

(3) Müller 씨, 그 자동차가 당신 것입니까?

G_____ _____ das Auto, Herr Müller?

(4) Max, 그 컴퓨터가 네 것이니?

Max, g_____ _____ der Computer?

(5) 그 외투가 Max 것입니까? – 네, 그것이 그의 것입니다.

G_____ der Mantel Max? - Ja, der g_____ _____.

(6) 그 장갑이 Anna 것입니까? – 네, 그것이 그녀의 것입니다.

G_____ die Handschuhe Anna? - Ja, die g_____ _____.

2 다음 명사를 독일어로 써 보세요. (정관사 + 명사)

(1) 공 _____   (2) 여행용 가방 _____

(3) 책꽂이 _____   (4) 자전거 _____

(5) 구두(복수) _____   (6) 친구(남성, 단수) _____

(7) 친구들(복수) _____   (8) 침대 _____

(9) 자동차 _____   (10) 재킷 _____

(11) 외투 _____   (12) 스웨터 _____

3 빈칸에 적합한 형용사 어미를 넣어 보세요.

(1) Da steht ein rund____ Tisch.

(2) Ich brauche einen rund____ Tisch.

(3) Da steht eine klein____ Lampe.

(4) Ich kaufe eine schön____ Jacke.

(5) Da steht ein weiß____ Regal.

(6) Ich kaufe kein klein____ Regal.

(7) Da steht mein neu____ Fahrrad.

(8) Sind das deine neu____ Schuhe?

(9) Das sind meine alt____ Freunde.

(10) Da steht ein neu____ Stuhl.

(11) Ich brauche keinen neu____ Stuhl.

(12) Ich schenke dir meinen groß____ Tisch.

(13) Ich kaufe keinen blau____ Pullover.

4 주어진 동사를 사용해서 문장을 만들어 보세요.

(1) 나는 오늘 너를 방문하고 싶다.
heute - ich - dich - besuchen - möchte

_____

(2) 무엇을 좀 드시겠습니까?
etwas - essen - möchten - Sie

_____

(3) 너 커피 한 잔 마시고 싶니?
du - trinken - möchtest - eine Tasse Kaffee

_____

(4) 우리는 독일로 여행가고 싶어.
möchten - wir - reisen - nach Deutschland

_____

Es ist jetzt halb zwei.

1 다음 시간을 '공식적 시간 / 일상회화에서의 시간' 두 가지로 써 보세요.

(1) 1:05 _____ / _____

(2) 1:10 _____ / _____

(3) 1:15 _____ / _____

(4) 1:20 _____ / _____

(5) 1:25 _____ / _____

(6) 1:30 _____ / _____

(7) 6:30 _____ / _____

(8) 6:35 _____ / _____

(9) 6:40 _____ / _____

(10) 6:45 _____ / _____

(11) 6:50 _____ / _____

(12) 6:55 _____ / _____

2 동사를 빈칸에 알맞은 형태로 넣어 보세요.

(1) (ankommen) Der Zug _____ um 7.15 Uhr _____.

(2) (einkaufen) Wo _____ du samstags _____?

(3) (aufstehen) Wann _____ ihr _____?

(4) (vorhaben) Wir _____ heute nichts _____.

(5) (anrufen) Ich _____ dich am Abend _____.

3 1월부터 12월까지 월 이름을 독일어로 써 보세요.

Januar,

4 연도를 독일어로 써 보세요.

(1) 1495년 _____

(2) 1991년 _____

(3) 2001년 _____

(4) 2021년 _____

5 밑줄 친 날짜를 독일어로 적어 보세요.

(1) Heute ist der <u>7. 7.</u>

_____

(2) Heute ist der <u>19. 3.</u>

_____

(3) Heute ist der <u>13. 9.</u>

_____

(4) Heute haben wir den 21. 12.

_____

(5) Heute haben wir den 30. 5.

_____

(6) Ich habe am 12. 11. Geburtstag

_____

(7) Meine Mutter hat am 24. 2. Geburtstag.

_____

Was isst du gern?

1 동사 essen, mögen을 알맞은 형태로 적어 보세요.

	essen	**mögen**
ich	esse	
du		
er/sie/es		
wir		
ihr		
sie/Sie		mögen

2 동사 essen을 넣어 문장을 완성하세요.

(1) Was _____ du gern?

(2) Was _____ Sie gern?

(3) Was _____ ihr gern?

(4) Ich _____ gern Wurst.

(5) Mein Vater _____ gern Rindfleisch.

(6) Die Kinder _____ gern Pizza.

(7) Herr Schmidt _____ gern Hähnchen.

3 동사 mögen을 넣어 문장을 완성하세요.

(1) _____ du Fisch?

(2) Ich _____ Kuchen.

(3) Meine Mutter _____ Tee.

(4) Frau Müller _____ keinen Kaffee.

(5) _____ ihr keinen Kuchen?

4 gern, lieber, am liebsten 중 하나를 골라 문장을 완성하세요.

(1) 너는 소시지를 즐겨 먹니?

Isst du _____ Wurst?

(2) 너는 무엇을 가장 즐겨 먹니?

Was isst du _____?

(3) Max는 소시지보다 치즈를 더 즐겨 먹는다.

Max isst _____ Käse als Wurst.

(4) 당신은 사과 주스보다 오렌지 주스를 즐겨 드십니까?

Trinken Sie _____ Orangensaft als Apfelsaft?

5 주어진 동사를 사용하여 식당에서 다음 음식을 주문해 보세요.

(1) (hätte gern) Pizza*(f.)*, Cola*(f.)*

_____

(2) (möchte) Apfelkuchen*(m.)*, Kaffee*(m.)*

_____

(3) (nehmen) Gemüsesuppe*(f.)*, Salat*(m.)*

_____

(4) (hätte gern) Schnitzel*(n.)*, ein Glas Wein

_____

Wie komme ich zum Bahnhof?

1 교통수단 명사들을 '정관사+명사' 형태로 적어 보세요.

(1) 버스 _____   (2) 지하철 _____

(3) 택시 _____   (4) 기차 _____

(5) 자전거 _____   (6) 비행기 _____

(7) 배 _____   (8) 자동차 _____

2 동사 fahren, wissen, schlafen을 알맞은 형태로 적어 보세요.

	fahren	wissen	schlafen
ich	fahre		schlafe
du			
er/sie/es			
wir		wissen	
ihr			
sie/Sie			

3 '전치사 + 정관사'를 넣어 문장을 완성하세요.

(1) Ich fahre m_____ d_____ Bus nach Hause.

(2) Maria fährt m_____ d_____ Fahrrad nach Hause.

(3) Meine Mutter fährt m_____ d_____ Auto zur Arbeit.

(4) Ich fahre m_____ d_____ U-Bahn zur Uni.

(5) Wie komme ich z_____ Bahnhof?

(6) Er geht heute z_____ Arzt.

(7) Wir fahren z_____ Museum.

(8) Fahrt ihr jetzt z_____ Stadtmitte?

4 괄호 안에 주어진 단어들을 바른 순서로 넣어 문장을 완성하세요.

(1) (der Bushaltestelle - ist - wo)

Können Sie mir sagen, _____?

(2) (Herr Fischer - woher - kommt)

Ich weiß nicht, _____.

(3) (nach Hause - kommt - wann - er)

Weißt du, _____?

(4) (wir - wie - können - kommen - zum Bahnhof)

Weißt du, _____?

5 알맞은 단어를 넣어 문장을 완성하세요.

(1) 나는 걸어서 집으로 간다. (zu)

Ich gehe _____ Fuß _____ Hause.

(2) 그는 일요일에 독일로 갑니다.

Er fliegt _____ Samstag _____ Deutschland.

(3) 잠깐만 기다리십시오.

_____ Sie einen Moment!

(4) 얼마나 걸리나요?

_____ _____ dauert es?

(5) Max는 지금 집에 있다.

Max ist jetzt _____ _____.

(6) 왼쪽으로 가십시오.

_____ Sie _____ _____!

Heute ist es kälter als gestern.

1 비인칭 es를 주어로 문장을 만들어 보세요.

(1) 비가 자주 온다. (oft) _____

(2) 눈이 많이 온다. _____

(3) 날이 따뜻하다. _____

(4) 날이 서늘하다. _____

(5) 여름에는 날이 덥다. _____

(6) 겨울에는 날이 춥다. _____

(7) 해가 쨍쨍하다. (sonnig) _____

(8) 바람이 많이 분다. (windig) _____

2 형용사/부사의 비교급과 최상급을 써 보세요.

> 예 hell - heller - hellst

(1) klein - _____ - _____

(2) alt - _____ - _____

(3) arm - _____ - _____

(4) kurz - _____ - _____

(5) lang - _____ - _____

(6) kalt - _____ - _____

(7) warm - _____ - _____

(8) heiß - _____ - _____

(9) gut - _____ - _____

(10) groß - _____ - _____

(11) hoch - _____ - _____

(12) nah - _____ - _____

(13) viel - _____ - _____

(14) gern - _____ - _____

(15) dunkel - _____ - _____

3 du와 ihr에 대한 명령형으로 문장을 완성하세요.

> 예 (trinken) Trink viel Wasser! / Trinkt viel Wasser!

(1) (fahren) _____ langsamer! / _____ langsamer!

(2) (schlafen) _____ gut! / _____ gut!

(3) (warten) _____ einen Moment! / _____ einen Moment!

(4) (öffnen) _____ das Fenster! / _____ das Fenster!

(5) (arbeiten) _____ nicht so fleißig! / _____ nicht so fleißig!

(6) (essen) _____ viel Obst! / _____ viel Obst!

(7) (sprechen) _____ bitte lauter! / _____ bitte lauter!

(8) (sein) _____ ruhig! / _____ ruhig!

(9) (haben) _____ keine Angst! / _____ keine Angst!

(10) (mitnehmen) _____ einen Regenschirm _____!

   _____ einen Regenschirm _____!

(11) (anrufen) _____ mich morgen _____!

   _____ mich morgen _____!

30

4 재귀대명사를 사용하여 문장을 완성하세요.

sich freuen

(1) Ich f_____ _____ über das Geschenk.

(2) F_____ du _____ über das Geschenk?

(3) Die Mutter f_____ _____ über das Geschenk.

(4) Wir f_____ _____ auf Weihnachten.

(5) Die Kinder f_____ _____ auf Weihnachten.

sich setzen

(6) Ich s_____ _____ auf den Stuhl.

(7) Er s_____ _____ auf den Stuhl.

sich waschen

(8) Ich w_____ _____.

(9) Du w_____ _____.

(10) Er w_____ _____.

(11) Ich w_____ _____ die Hände.

(12) Du w_____ _____ die Hände.

Ich höre gern Musik.

1 동사 müssen, treffen, lesen, fernsehen을 알맞은 형태로 적어 보세요.

	müssen	treffen	lesen	fernsehen
ich			lese	sehe ... fern
du				
er/sie/es				
wir	müssen			
ihr				
sie/Sie		treffen		sehen ... fern

2 빈칸에 적합한 말을 넣으세요.

> 내 취미는 ~하기입니다. Mein Hobby ist _____.
> 예 컴퓨터게임 하기 | Computerspiele spielen

(1) 음악 듣기 _____

(2) 축구하기 _____

(3) 요리하기 _____

(4) 수영하기 _____

(5) 피아노 연주하기 _____

(6) 책 읽기 _____

3 동사를 주어에 맞게 변형하여 문장을 만들어 보세요.

(1) abfahren - du - morgen - ?

_____

(2) wann - abfahren - der Zug nach Kassel - ?

_____

(3) du - lesen - gern - Bücher - ?

_____

(4) fernsehen - Herr Müller - abends

_____

(5) treffen - Paul - heute - seine Freunde

_____

(6) müssen - Minna - zum Arzt gehen - am Nachmittag

_____

(7) müssen - du - arbeiten - am Wochenende - ?

_____

(8) müssen - ich - umsteigen - in Köln

_____

4 주어진 단어를 연결하여 문장을 완성하세요.

(1) (funktioniert - der Aufzug - nicht)

Wir müssen zu Fuß gehen, denn _____.

(2) (ich - schlecht - sehe)

Ich trage eine Brille, denn _____.

(3) (krank - ist - er)

Paul muss zu Hause bleiben, denn _____.

(4) (regnet - viel - es)

Ich gehe heute nicht spazieren, denn _____.

(5) (habe - ich - keine Zeit)

Ich kann heute nicht zu euch kommen, weil _____.

Lektion 16

Darf man hier parken?

1 동사 helfen, wollen, dürfen을 알맞은 형태로 적어 보세요.

	helfen	**wollen**	**dürfen**
ich			darf
du			
er/sie/es			
wir	helfen		
ihr			
sie/Sie		wollen	

2 동사 helfen을 넣어 문장을 완성하세요.

(1) Ich _____dir gern.

(2) _____ ihr morgen mir?

(3) _____ Ihr Sohn Ihnen gern?

(4) _____ du oft deiner Mutter?

(5) Max _____ dir immer.

3 조동사 wollen과 동사를 넣어 문장을 완성하세요.

(1) 우리 영화관에 갈까?

    W_____ wir ins Kino _____?

(2) 나는 새 자동차를 사려고 해.

    Ich w_____ ein neues Auto _____.

(3) 내 오빠는 독일에서 공부하려고 한다.

Mein Bruder _____ in Deutschland _____.

(4) 너 언제 베를린으로 가려고 하니?

Wann _____ du nach Berlin _____?

(5) 너희들 내일 무엇을 하려고 하니?

Was _____ ihr morgen _____?

4 조동사 dürfen을 사용해서 문장을 만들어 보세요.

(1) 이곳에 주차해도 됩니까? (man / parken)

_____

(2) 제가 이곳에서 통화해도 됩니까? (ich / telefonieren)

_____

(3) 이곳에서 담배 피우면 안 됩니다. (man / rauchen)

_____

(4) 박물관에서 사진 촬영하면 안 됩니다. (man / im Museum / fotografieren)

_____

5 weil 뒤에 적합한 말을 넣어 문장을 완성하세요.

(1) 나는 아주 피곤하기 때문에 너에게 갈 수 없다.

Ich kann nicht zu dir kommen, weil _____.

(2) Max는 오늘 아프기 때문에 일하러 가지 않는다.

Max geht heute nicht zur Arbeit, weil _____.

(3) 오늘 날씨가 나쁘기 때문에 우리는 산책을 하지 않는다.

Weil das Wetter heute_____, gehen wir nicht spazieren.

(4) 나는 시험을 위해 공부해야 하기 때문에 오늘 저녁에 외출하지 않는다.

Weil ich für die Prüfung _____, gehe ich heute Abend nicht aus.

Haben Sie ein Zimmer frei?

1 동사 werden을 알맞은 형태로 넣어 보세요.

(1) Ich _____ nächsten Monat ein Auto kaufen.

(2) _____ du nächsten Monat ein Auto kaufen?

(3) Max _____ nächsten Monat ein Auto kaufen.

(4) _____ ihr nächsten Monat ein Auto kaufen?

(5) Wir _____ nächsten Monat ein Auto kaufen.

2 종속접속사 dass를 사용하여 문장을 완성해 보세요.

(1) 네가 매일 독일어를 공부하는 것이 중요하다. (jeden Tag / Deutsch)

Es ist wichtig, _____.

(2) Max는 돈을 많이 벌기를 희망하고 있다. (viel Geld / verdienen)

Max hofft, _____.

(3) 우리는 우리가 너무 많이 일한다고 생각한다. (zu viel)

Wir finden, _____.

(4) 그 책이 당신 마음에 드실 것이라고 생각합니다. (Ihnen / gefällt)

Ich glaube, _____.

(5) 율리아는 자기가 부유하지 않다고 생각한다. (nicht reich)

Julia denkt, _____.

3 einen, keinen, eins, keins, eine, keine 중 하나를 골라 넣으세요.

(1) Hast du ein Auto? - Ja, ich habe _____.

(2) Hast du ein Fahrrad? - Nein, ich habe _____.

(3) Hast du kein Fahrrad? - Doch, ich habe _____.

(4) Hast du einen Stadtplan? - Nein, ich habe _____.

(5) Kaufst du heute eine Tasche? - Nein, ich kaufe _____.

(6) Kaufen Sie heute keine Uhr? - Doch, ich kaufe _____.

(7) Kaufst du heute ein Buch? - Ja, ich kaufe _____.

(8) Suchst du einen Mantel? - Ja, ich suche _____.

(9) Suchst du kein Hemd? - Doch, ich suche _____.

(10) Suchst du kein Hemd? - Nein, ich suche _____.

(11) Brauchst du kein Auto? - Doch, ich brauche _____.

(12) Brauchst du eine Uhr? - Nein, ich brauche _____.

(13) Brauchst du keine Zwiebel? - Doch, ich brauche _____.

(14) Brauchst du einen Computer? - Nein, ich brauche _____.

(15) Gibt es hier keine Bäckerei? - Doch, da gibt es _____.

Die Zähne tun mir weh.

1 다음 단어들을 '정관사 + 명사, 복수' 형태로 적어 보세요.

> 예 발가락 die Zehe, Zehen

(1) 눈 _____

(2) 귀 _____

(3) 손 _____

(4) 발 _____

(5) 손가락 _____

(6) 팔 _____

(7) 다리 _____

(8) 치아 _____

(9) 머리카락 _____

(10) 어깨 _____

2 아픈 곳을 표현해 보세요.

(1) Ich habe _____. (두통)

(2) Er hat _____. (복통)

(3) Das Kind hat _____. (치통)

(4) Haben Sie _____? (열)

(5) _____ tut mir weh. (머리)

(6) _____ tut mir weh. (오른쪽 귀)

(7) _____ tun mir weh. (눈)

3 sein 동사와 haben 동사의 과거형을 알맞은 형태로 써 보세요.

	sein 과거형	haben 과거형
	w_____	h_____
ich		hatte
du		
er/sie/es		
wir	waren	
ihr		
sie/Sie		hatten

4 괄호 안에 주어진 명사의 2격형을 넣어 보세요.

(1) Das ist der Sohn _____. (die Lehrerin)

(2) Das ist die Tochter _____. (der Lehrer)

(3) Das sind die Eltern _____. (die Kinder)

(4) Kennst du den Vater _____? (das Kind)

(5) Kennst du die Tochter _____? (der Arzt)

(6) Kennst du den Bruder _____? (die Studentin)

(7) Kennst du den Sohn _____? (der Polizist)

5 war, hatte 중 하나를 골라 적합한 형태로 넣으세요.

(1) Wir _____ gestern bei unserer Großmutter.

(2) _____ du schon einmal in Europa?

(3) Früher _____ ich viel Geld.

(4) Wo _____ ihr gestern Abend?

(5) _____ Sie gestern keine Zeit?

(6) _____ du Kopfschmerzen?

(7) Herr Kim _____ letztes Jahr in Japan.

(8) _____ ihr in Spanien einen schönen Urlaub?

Wir gehen ins Kino.

1 빈칸에 들어갈 말을 알맞은 형태로 적어 보세요.

(1) 그는 시내로 간다. (Stadt(f.)) **Er fährt** _____.

(2) 그는 지금 시내에 있다. **Er ist jetzt** _____.

(3) 고양이가 탁자 아래에서 자고 있다. **Die Katze schläft** _____.

(4) 꽃병이 탁자 위에 놓여 있다. **Die Vase steht** _____.

(5) 그 카페는 극장 옆에 있다. **Das Café liegt** _____.

(6) 나는 책을 탁자 위로 놓는다. **Ich lege das Buch** _____.

(7) 우리는 오늘 바다로 간다. **Wir fahren heute** _____.

(8) 우리는 오늘 수영장에 간다. (Schwimmbad(n.))

    Wir gehen heute _____.

(9) 그는 트렁크를 문 뒤에 세워둔다. (Tür(f.))

    Er stellt den Koffer _____.

(10) 슈미트 씨는 20시까지 사무실에 있다. (Büro(n.))

    Herr Schmidt bleibt bis 20 Uhr _____.

2 빈칸에 들어갈 말을 알맞은 형태로 적어 보세요.

> _____ **kommt er zurück.** 그는 ~(언제) 돌아온다.

(1) 봄에 _____

(2) 가을에 _____

(3) 3월에 _____

(4) 저녁에 _____

(5) 토요일에 _____

(6) 여름방학에 _____

3 빈칸에 들어갈 말을 'zu Inf.'를 사용해서 적어 보세요.

(1) 그는 책을 읽을 시간이 없다.

Er hat keine Zeit, _____.

(2) 그는 극장에 갈 기분이 들지 않았다.

Er hatte keine Lust, _____.

(3) 새로운 언어를 매일 연습하는 것이 중요하다.

Es ist wichtig, eine neue Sprache jeden Tag _____.

(4) 나는 독일어를 배우려고 계획하고 있다.

Ich habe vor, _____.

(5) 어머니께서 저녁마다 내게 전화하시곤 한다.

Meine Mutter pflegt jeden Abend mich _____.

4 빈칸에 들어갈 말을 종속접속사 wenn을 사용해서 적어 보세요.

(1) 대학에서 공부하려고 한다면 아비투어가 필요하다.(studieren)

Wenn man _____, braucht man das Abitur.

(2) 피곤할 때 나는 잠을 오래 잔다.

Wenn _____, schlafe ich lange.

(3) 독일에 있을 때 나는 항상 맥주를 많이 마신다.

Ich trinke immer viel Bier, _____.

(4) 내가 오후에 시간이 있으면 너를 도와줄게.

Ich helfe dir, _____.

(5) 날씨가 좋으면 사람들은 산책하기를 좋아한다.

Die Leute gehen gern spazieren, _____.

Was hast du gestern gemacht?

1 동사의 과거분사형(p.p.)을 적어 보세요.

(1) kaufen - _____

(2) machen - _____

(3) haben - _____

(4) arbeiten - _____

(5) öffnen - _____

(6) telefonieren - _____

(7) sein - _____

(8) werden - _____

(9) bleiben - _____

(10) essen - _____

(11) geben - _____

(12) gehen - _____

(13) kommen - _____

(14) nehmen - _____

(15) helfen - _____

(16) trinken - _____

(17) sprechen - _____

(18) aufstehen - _____

(19) fernsehen - _____

(20) besuchen - _____

2 조동사 können, müssen, wollen의 과거형을 넣어 보세요.

| | können 과거형 | müssen 과거형 | wollen 과거형 |
	k_____	m_____	w_____
ich			
du			
er/sie/es			
wir	konnten		
ihr		musstet	
sie/Sie			wollten

3 현재완료형 문장으로 빈칸을 채워 보세요.

(1) 금요일에 나는 늦게 집으로 돌아왔고 열두 시쯤 잠자리에 들었다.

Am Freitag _____ ich spät nach Hause _____ und
gegen 12 ins Bett _____.

(2) 너 어제 저녁에 나에게 전화했니? 나는 극장에 있었어.

_____ du mich gestern Abend _____?
Ich _____ im Kino _____.

(3) 우리는 어제 매우 피곤했고 그래서 집에 머물러 있었다.

Wir _____ gestern sehr müde _____ und zu Hause _____.

(4) 토요일에 Max는 오전에 시내로 갔고 백화점에서 장을 봤다. 오후에는 이모를 방문했고 저녁에는
친구들을 만났다. 그들은 피자를 먹고 맥주를 마셨다.

Am Samstag _____ Max am Vormittag in die Stadt _____
und er _____ im Kaufhaus _____. Am Nachmittag
_____ er seine Tante _____ und am Abend seine
Freunde _____. Sie _____ Pizza _____
und Bier _____.

4 konnte, musste, wollte, war 중 하나를 골라 알맞은 형태로 넣으세요.

(1) 어제 토마스가 너를 방문하려고 했었는데 그럴 수가 없었어. 아팠기 때문이야.

Gestern _____ dich Thomas besuchen, aber das _____ er nicht.
Denn er _____ krank.

(2) 어제 나는 오래 자고 싶었지만 일찍 부산으로 출발해야 했다. 그래서 6시에 일어나야 했다.

Gestern _____ ich lange schlafen, aber ich _____ früh
nach Busan abfahren. Deshalb _____ ich um 6 Uhr aufstehen.

(3) 주말에 우리는 피크닉을 가려고 했었지만 그럴 수가 없었다. 날씨가 아주 나빴고, 그래서 우리는
집에 있어야 했다.

Am Wochenende _____ wir einen Ausflug machen, aber das
_____ wir nicht. Das Wetter _____ sehr schlecht,
deshalb _____ wir zu Hause bleiben.

Lektion 2

1 (1) Guten Tag! (2) Guten Morgen!
(3) Guten Abend! (4) Auf Wiedersehen!
(5) Gute Nacht!

2 (1) A: Wie geht es <u>Ihnen</u>?
B: Danke, <u>es geht mir gut</u>. Und <u>Ihnen</u>?
A: <u>Auch gut</u>, danke.

(2) A: Wie <u>geht es dir</u>?
B: <u>Es geht mir sehr gut</u>. Und <u>dir</u>?
A: <u>Gut</u>, danke.

(3) A: <u>Hallo</u>, Minho!
B: Hallo, Julia! Wie <u>geht's</u>?
A: Gut, <u>danke</u>. Und <u>dir</u>?
B: <u>Es geht mir auch gut. Tschüss!</u>
A: <u>Wiedersehen!</u>

Lektion 3

1

나 → ich	너 → du	그, 그것(남성) → er 그녀, 그것(여성) → sie 그것(중성) → es
우리 → wir	너희 → ihr	그것, 그것들 → sie
	당신, 당신들 → Sie	

2 (ich) → mein (du) → dein
(er/es) → sein (sie) → ihr
(wir) → unser (ihr) → euer
(sie) → ihr (Sie) → Ihr

3

ich	heiße	bin
du	heißt	bist
er/sie/es	heißt	ist
wir	heißen	sind
ihr	heißt	seid
sie/Sie	heißen	sind

4 (예를 들어 이름이 김미나(Minna Kim)일 경우에 다음과 같이 답합니다.)
(1) Ich heiße Minna Kim.
(2) Mein Name ist Minna Kim.
(3) Mein Vorname ist Minna.
(4) Mein Familienname ist Kim.

Lektion 4

1 null, eins, zwei, drei, vier, fünf, sechs, sieben, acht, neun, zehn, elf, zwölf, dreizehn, vierzehn, fünfzehn, sechzehn, siebzehn, achtzehn, neunzehn, zwanzig, einundzwanzig, zweiundzwanzig, dreiundzwanzig, vierundzwanzig, fünfundzwanzig

2 29 neunundzwanzig, 31 einunddreißig,
42 zweiundvierzig, 53 dreiundfünfzig,
64 vierundsechzig, 75 fünfundsiebzig,
87 siebenundachtzig, 98 achtundneunzig

3

	machen	studieren	arbeiten
ich	mache	studiere	arbeite
du	machst	studierst	arbeitest
er/sie/es	macht	studiert	arbeitet
wir	machen	studieren	arbeiten
ihr	macht	studiert	arbeitet
sie/Sie	machen	studieren	arbeiten

4 Angestellte 회사원, Ärztin 의사, Hausfrau 가정주부, Köchin 요리사, Lehrerin 선생님, Malerin 화가, Polizistin 경찰, Schülerin 초,중,고등학교 학생, Studentin 대학생

5 (예: 남자 30세, 회사원, 미혼일 경우)
(1) Ich bin dreißig Jahre alt.
(2) Ich bin Angestellter.
(3) Nein, ich bin nicht verheiratet. (Nein, ich bin ledig.)

Lektion 5

1. (1) der Stuhl - die Stühle
   (2) die Uhr - die Uhren
   (3) der Apfel - die Äpfel
   (4) der Tisch - die Tische
   (5) das Bild - die Bilder
   (6) das Buch - die Bücher
   (7) der Arzt - die Ärzte
   (8) die Kartoffel - die Kartoffeln
   (9) die Übung - die Übungen
   (10) die Lampe - die Lampen

2. (1) ein Stuhl   (2) eine Vase
   (3) eine Lampe   (4) ein Tisch
   (5) ein Teppich   (6) ein Bett
   (7) eine Uhr   (8) ein Apfel
   (9) eine Kartoffel   (10) ein Computer

3. (1) kein Buch   (2) kein Apfel
   (3) keine Kartoffel (4) keine Uhr
   (5) keine Vase   (6) kein Computer
   (7) keine Stühle   (8) keine Lampen
   (9) keine Äpfel   (10) keine Tische

Lektion 6

1. (1) Das ist mein Bruder.
   (2) Das ist meine Tante.
   (3) Das sind meine Freunde.
   (4) Das sind meine Großeltern.
   (5) Das ist mein Onkel. Und das ist seine Frau.
   (6) Das ist Peter. Und das ist sein Vater.
   (7) Das ist Anna. Und das sind ihre Eltern.
   (8) Das sind Peter und Anna. Und das sind ihre Kinder.

2. ich habe, du hast, er/sie/es hat,
   wir haben, ihr habt

3. (1) einen Bruder   (2) eine Schwester
   (3) einen Onkel   (4) ein Kind
   (5) einen Hund   (6) eine Katze
   (7) ein Fahrrad   (8) eine Frage

4. (1) keinen Hund   (2) keine Katze
   (3) kein Fahrrad   (4) keine Frage
   (5) keine Kinder   (6) keinen Bruder
   (7) keine Idee   (8) keinen Computer
   (9) kein Auto   (10) keine Geschwister

Lektion 7

1.

	wohnen	kommen
ich	wohne	komme
du	wohnst	kommst
er/sie/es	wohnt	kommt
wir	wohnen	kommen
ihr	wohnt	kommt
sie/Sie	wohnen	kommen

2.

	국가명	국민(남성)	국민(여성)
한국	Korea	Koreaner	Koreanerin
독일	Deutschland	ein Deutscher (der Deutsche)	Deutsche
오스트리아	Österreich	Österreicher	Österreicherin
스위스	die Schweiz	Schweizer	Schweizerin
미국	die USA (die Vereinigten Staaten)	Amerikaner	Amerikanerin
중국	China	Chinese	Chinesin
일본	Japan	Japaner	Japanerin

3. (1) wohnst   (2) wohnt   (3) wohnt
   (4) Wohnen, wohne   (5) wohnen

4 (1) kommen (2) kommst (3) kommt

    (4) komme, Koreaner(Koreanerin)

    (5) kommt, Deutscher   (6) kommt, Deutsche

Lektion 8

1 (1) kostet (2) kostet (3) kosten

    (4) kosten (5) kostet (6) kosten

2 (1) einhundertfünfunddreißig

    (2) zweihundertachtundsechzig

    (3) dreihundertsiebzehn

    (4) vierhundertzwölf

    (5) fünfhunderteinundneunzig

    (6) zweitausendsiebzig

    (7) eintausendsiebenhundertfünfundsechzig

    (8) viertausendsechshundertachtundfünfzig

3

	hätte	möchte
ich	hätte	möchte
du	hättest	möchtest
er/sie/es	hätte	möchte
wir	hätten	möchten
ihr	hättet	möchtet
sie/Sie	hätten	möchten

4 (1) der Apfel, die Äpfel

    (2) die Traube, die Trauben

    (3) die Zitrone, die Zitronen

    (4) die Orange, die Orangen

    (5) die Banane, die Bananen

    (6) die Kartoffel, die Kartoffeln

    (7) die Zwiebel, die Zwiebeln

    (8) die Tomate, die Tomaten

5 (1) hätten, möchten   (2) hätte, möchte

    (3) Möchten   (4) macht, macht

Lektion 9

1

	finden	geben	nehmen	gefallen	können
ich	finde	gebe	nehme	gefalle	kann
du	findest	gibst	nimmst	gefällst	kannst
er/sie/es	findet	gibt	nimmt	gefällt	kann
wir	finden	geben	nehmen	gefallen	können
ihr	findet	gebt	nehmt	gefallt	könnt
sie/Sie	finden	geben	nehmen	gefallen	können

2 (1) den, ihn   (2) die, sie   (3) das, es

    (4) die, sie   (5) den, ihn

3 (1) Gefällt, gefällt, ihm

    (2) Gefällt, gefällt, mir

    (3) gefallen, gefallen, ihr

    (4) Gefällt, gefällt, uns

    (5) Gefällt, Ihnen, gefällt

4 (1) Anna kann gut Deutsch sprechen.

    (2) Kannst du gut schwimmen?

    (3) Kann ich die Hose anprobieren?

    (4) Könnt ihr gut tanzen?

    (5) Im Erdgeschoss kann man Schuhe finden.

    (6) Können Sie mir helfen?

Lektion 10

1 (1) gehört, mir   (2) Gehört, euch

    (3) Gehört, Ihnen   (4) gehört, dir

    (5) Gehört, gehört, ihm

    (6) Gehören, gehören, ihr

2 (1) der Ball   (2) der Koffer

    (3) das Regal   (4) das Fahrrad

    (5) die Schuhe   (6) der Freund

(7) die Freunde   (8) das Bett

(9) das Auto   (10) die Jacke

(11) der Mantel   (12) der Pullover

3 (1) er   (2) en   (3) e   (4) e   (5) es

(6) es   (7) es   (8) en   (9) en   (10) er

(11) en   (12) en   (13) en

4 (1) Heute möchte ich dich besuchen.

(2) Möchten Sie etwas essen?

(3) Möchtest du eine Tasse Kaffee trinken?

(4) Wir möchten nach Deutschland reisen.

Lektion 11

1 (1) ein Uhr fünf / fünf nach eins

(2) ein Uhr zehn / zehn nach eins

(3) ein Uhr fünfzehn / (ein) Viertel nach eins

(4) ein Uhr zwanzig /
zwanzig nach eins (zehn vor halb zwei)

(5) ein Uhr fünfundzwanzig / fünf vor halb zwei

(6) ein Uhr dreißig / halb zwei

(7) sechs Uhr dreißig / halb sieben

(8) sechs Uhr fünfunddreißig /
fünf nach halb sieben

(9) sechs Uhr vierzig /
zwanzig vor sieben (zehn nach halb sieben)

(10) sechs Uhr fünfundvierzig /
(ein) Viertel vor sieben

(11) sechs Uhr fünfzig / zehn vor sieben

(12) sechs Uhr fünfundfünfzig / fünf vor sieben

2 (1) kommt, an   (2) kaufst, ein

(3) steht, auf   (4) haben, vor

(5) rufe, an

3 Januar, Februar, März, April, Mai, Juni, Juli, August, September, Oktober, November, Dezember

4 (1) (das Jahr) vierzehnhundertfünfundachtzig

(2) (das Jahr) neunzehnhunderteinundneunzig

(3) (das Jahr) zweitausendeins

(4) (das Jahr) zweitausendeinundzwanzig

5 (1) siebte Juli

(2) neunzehnte März

(3) dreizehnte September

(4) einundzwanzigsten Dezember

(5) dreißigsten Mai

(6) zwölften November

(7) vierundzwanzigsten Februar

Lektion 12

1

	essen	mögen
ich	esse	mag
du	isst	magst
er/sie/es	isst	mag
wir	essen	mögen
ihr	esst	mögt
sie/Sie	essen	mögen

2 (1) isst   (2) essen   (3) esst   (4) esse   (5) isst

(6) essen   (7) isst

3 (1) Magst   (2) mag   (3) mag   (4) mag   (5) Mögt

4 (1) gern   (2) am liebsten   (3) lieber   (4) lieber

5 (1) Ich hätte gern eine Pizza und eine Cola.

(2) Ich möchte einen Apfelkuchen und einen Kaffee.

(3) Ich nehme eine Gemüsesuppe und einen Salat.

(4) Ich hätte gern ein Schnitzel und ein Glas Wein.

Lektion 13

1 (1) der Bus (2) die U-Bahn (3) das Taxi

(4) der Zug (5) das Fahrrad (6) das Flugzeug

(7) das Schiff (8) das Auto

2

	fahren	wissen	schlafen
ich	fahre	weiß	schlafe
du	fährst	weißt	schläfst
er/sie/es	fährt	weiß	schläft
wir	fahren	wissen	schlafen
ihr	fahrt	wisst	schlaft
sie/Sie	fahren	wissen	schlafen

3 (1) mit dem (2) mit dem

(3) mit dem (4) mit der

(5) zum (6) zum

(7) zum (8) zur

4 (1) wo der Bushaltestelle ist

(2) woher Herr Fischer kommt

(3) wann er nach Hause kommt

(4) wie wir zum Bahnhof kommen können

5 (1) zu, nach (2) am, nach

(3) Warten (4) Wie lange

(5) zu Haus(e) (6) Gehen, nach links

Lektion 14

1 (1) Es regnet oft.

(2) Es schneit viel.

(3) Es ist warm.

(4) Es ist kühl.

(5) Im Sommer ist es heiß.

(6) Im Winter ist es kalt.

(7) Es ist sonnig.

(8) Es ist windig.

2 (1) kleiner, kleinst (2) älter, ältest

(3) ärmer, ärmst (4) kürzer, kürzest

(5) länger, längst (6) kälter, kältest

(7) wärmer, wärmst (8) heißer, heißest

(9) besser, best (10) größer, größt

(11) höher, höchst (12) näher, nächst

(13) mehr, meist (14) lieber, am liebsten

(15) dunkler, dunkelst

3 (1) Fahr, Fahrt (2) Schlaf, Schlaft

(3) Warte, Wartet (4) Öffne, Öffnet

(5) Arbeite, Arbeitet (6) Iss, Esst

(7) Sprich, Sprecht (8) Sei, Seid

(9) Hab, Habt

(10) Nimm ... mit, Nehmt ... mit

(11) Ruf ... an, Ruft ... an

4 (1) freue mich (2) Freust, dich

(3) freut sich (4) freuen uns

(5) freuen sich (6) setze mich

(7) setzt sich (8) wasche mich

(9) wäschst dich (10) wäscht sich

(11) wasche mir (12) wäschst dir

Lektion 15

1

	müssen	treffen	lesen	fernsehen
ich	muss	treffe	lese	sehe ... fern
du	musst	triffst	liest	siehst ... fern
er/sie/es	muss	trifft	liest	sieht ... fern
wir	müssen	treffen	lesen	sehen ... fern
ihr	müsst	trefft	lest	seht ... fern
sie/Sie	müssen	treffen	lesen	sehen ... fern

2 (1) Musik hören   (2) Fußball spielen

(3) kochen   (4) schwimmen

(5) Klavier spielen   (6) (Bücher) lesen

3 (1) Fährst du morgen ab?

(2) Wann fährt der Zug nach Kassel ab?

(3) Liest du gern Bücher?

(4) Herr Müller sieht abends fern.

(5) Paul trifft heute seine Freunde.

(6) Minna muss am Nachmittag zum Arzt gehen.

(7) Musst du am Wochenende arbeiten?

(8) Ich muss in Köln umsteigen.

4 (1) der Aufzug funktioniert nicht

(2) ich sehe schlecht

(3) er ist krank

(4) es regnet viel

(5) ich keine Zeit habe

Lektion 16

1

	helfen	wollen	dürfen
ich	helfe	will	darf
du	hilfst	willst	darfst
er/sie/es	hilft	will	darf
wir	helfen	wollen	dürfen
ihr	helft	wollt	dürft
sie/Sie	helfen	wollen	dürfen

2 (1) helfe   (2) Helft   (3) Hilft

(4) Hilfst   (5) hilft

3 (1) Wollen, gehen   (2) will, kaufen

(3) will, studieren   (4) willst, fahren

(5) wollt, machen

4 (1) Darf man hier parken?

(2) Darf ich hier telefonieren?

(3) Hier darf man nicht rauchen.

(4) Im Museum darf man nicht fotografieren.

5 (1) ich sehr müde bin   (2) er krank ist

(3) schlecht ist   (4) lernen muss

Lektion 17

1 (1) werde   (2) Wirst   (3) wird

(4) Werdet   (5) werden

2 (1) dass du jeden Tag Deutsch lernst

(2) dass er viel Geld verdient

(3) dass wir zu viel arbeiten

(4) dass das Buch Ihnen gefällt

(5) dass sie nicht reicht ist

3 (1) eins   (2) keins   (3) eins

(4) keinen   (5) keine   (6) eine

(7) eins   (8) einen   (9) eins

(10) keins   (11) eins   (12) keine

(13) eine   (14) keinen   (15) eine

Lektion 18

1 (1) das Auge, Augen   (2) das Ohr, Ohren

(3) die Hand, Hände   (4) der Fuß, Füße

(5) der Finger, Finger   (6) der Arm, Arme

(7) das Bein, Beine   (8) der Zahn, Zähne

(9) das Haar, Haare   (10) die Schulter, Schultern

2 (1) Kopfschmerzen   (2) Bauchschmerzen

(3) Zahnschmerzen   (4) Fieber

(5) Der Kopf   (6) Das rechte Ohr

(7) Die Augen

3

	sein 과거형	*haben* 과거형
	war	**hatte**
ich	war	hatte
du	warst	hattest
er/sie/es	war	hatte
wir	waren	hatten
ihr	wart	hattet
sie/Sie	waren	hatten

4 (1) der Lehrerin   (2) des Lehrers

(3) der Kinder   (4) des Kindes

(5) des Arztes   (6) der Studentin

(7) des Polizisten

5 (1) waren   (2) Warst

(3) hatte   (4) wart

(5) Hatten   (6) Hattest

(7) war   (8) Hattet

Lektion 19

1 (1) in die Stadt   (2) in der Stadt

(3) unter dem Tisch   (4) auf dem Tisch

(5) neben dem Kino   (6) auf den Tisch

(7) ans Meer   (8) ins Schwimmbad

(9) hinter die Tür   (10) im Büro

2 (1) Im Frühling   (2) Im Herbst

(3) Im (Monat) März   (4) Am Abend

(5) Am Samstag(또는 Sonnabend)

(6) In den Sommerferien

3 (1) ein Buch zu lesen   (2) ins Kino zu gehen

(3) zu üben   (4) Deutsch zu lernen

(5) anzurufen

4 (1) studieren will

(2) ich müde bin

(3) wenn ich in Deutschland bin

(4) wenn ich am Nachmittag Zeit habe

(5) wenn das Wetter gut ist

Lektion 20

1 (1) gekauft   (2) gemacht

(3) gehabt   (4) gearbeitet

(5) geöffnet   (6) telefoniert

(7) gewesen   (8) geworden

(9) geblieben   (10) gegessen

(11) gegeben   (12) gegangen

(13) gekommen   (14) genommen

(15) geholfen   (16) getrunken

(17) gesprochen   (18) aufgestanden

(19) ferngesehen   (20) besucht

2

	können 과거형	müssen 과거형	wollen 과거형
	konnte	**musste**	**wollte**
ich	konnte	musste	wollte
du	konntest	musstest	wolltest
er/sie/es	konnte	musste	wollte
wir	konnten	mussten	wollten
ihr	konntet	musstet	wolltet
sie/Sie	konnten	mussten	wollten

3 (1) bin, zurückgekommen, gegangen

(2) Hast, angerufen, bin, gewesen

(3) sind, gewesen, geblieben

(4) ist, gefahren, hat, eingekauft, hat, besucht,
   getroffen, haben, gegessen, getrunken

4 (1) wollte, konnte, war

(2) wollte, musste, musste

(3) wollten, konnten, war, mussten

독일어 입문 필독서

가장
쉬운
독학

독일어
첫걸음

www.dongyangbooks.com
m.dongyangbooks.com (모바일)

이름

동양북스 채널에서 더 많은 도서
더 많은 이야기를 만나보세요!

▶ 유튜브

인스타그램

blog 블로그

포스트

f 페이스북

카카오뷰

외국어 출판 45년의 신뢰
외국어 전문 출판 그룹
동양북스가 만드는 책은 다릅니다.

45년의 쉼 없는 노력과 도전으로 책 만들기에 최선을 다해온
동양북스는 오늘도 미래의 가치에 투자하고 있습니다.
대한민국의 내일을 생각하는 도전 정신과 믿음으로 최선을 다하겠습니다.

📖 동양북스